AF599895

Abraham Jiménez Enoa

ATERRIZAR EN EL MUNDO

Ganador de la beca Michael Jacobs de crónica viajera
de la Fundación Gabo

PRIMERA EDICIÓN: marzo de 2024

Calle San Bernardo 97-99, entresuelo 8
28015 Madrid

ISBN: 978-84-19119-70-4
DEPÓSITO LEGAL: M-4145-2024
CÓDIGO IBIC: JFFD, 1KJC
DISEÑO DE CUBIERTA: Patricia Bolinches
MAQUETACIÓN: María O'Shea
CORRECCIÓN: Melina Grinberg y María Campos
IMPRESIÓN: Kadmos

El papel utilizado para la impresión de este libro ha sido fabricado a partir de madera procedente de bosques y plantaciones tratados con los más altos estándares de sostenibilidad, lo que garantiza una gestión de los recursos responsable con el medio ambiente y las personas.

IMPRESO EN ESPAÑA - PRINTED IN SPAIN

Las tipografías son League Gothic y Baskerville.

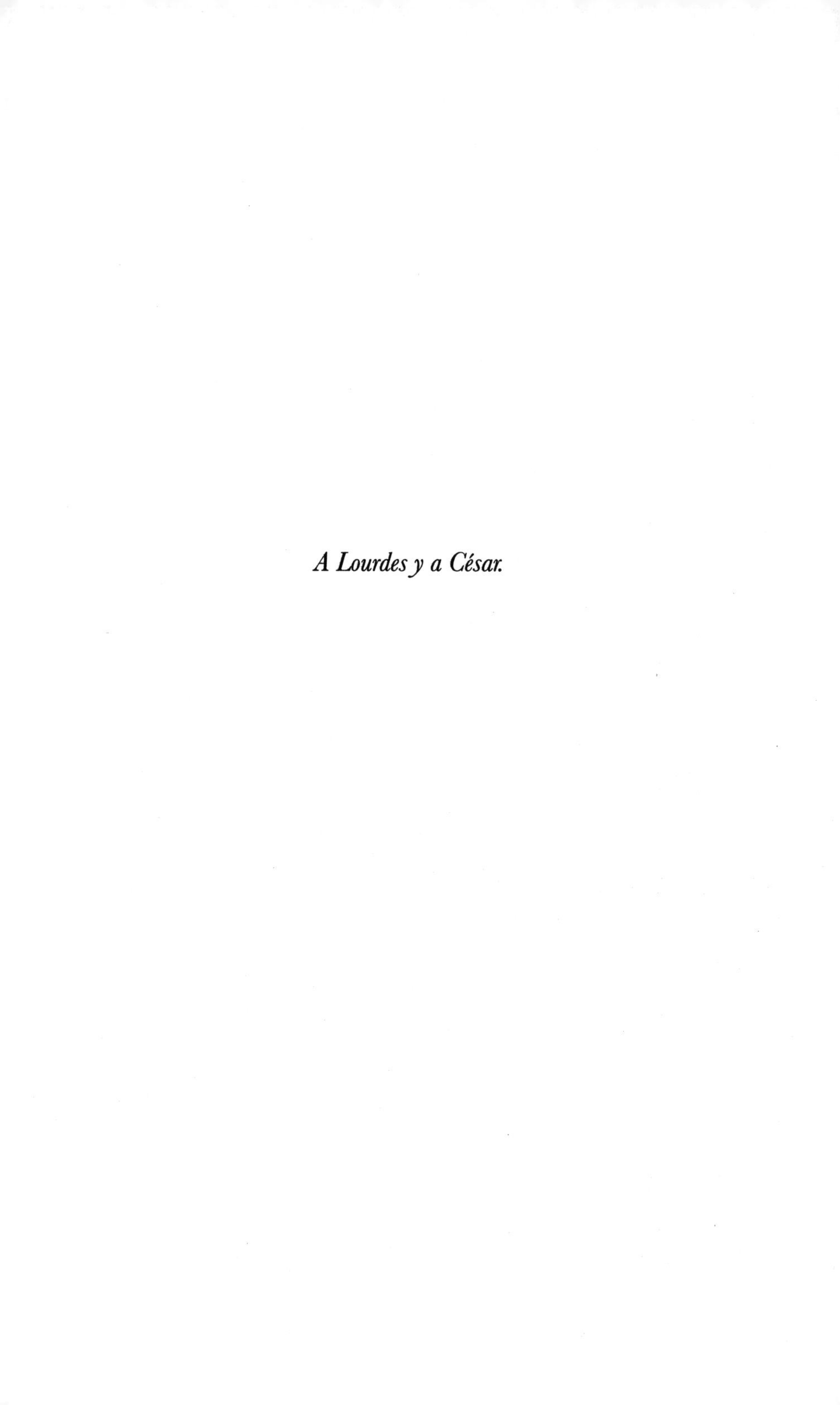

A Lourdes y a César.

I

El taxi deja atrás los carteles de publicidad sin que pueda terminar de leerlos. Pasan de largo, uno detrás de otro, por el costado de la carretera. Intento seguirlos con la mirada para descifrar sus mensajes hasta que se alejan definitivamente. Cuando termino de perseguir con la vista una valla, mis ojos regresan a buscar el próximo cartel para así comenzar con otra persecución efímera y en vano. Es de noche. Tengo treinta y tres años. Y es la primera vez que piso un país que no es Cuba.

En un momento del trayecto apoyo la sien contra la ventanilla de cristal. Siento cómo la cabeza me tiembla. No sé si el repicoteo de mi cabeza es producto de la velocidad del taxi o si es mi cuerpo que titirita por el asombro. Estoy consternado. Nunca antes vi una seguidilla de carteles lumínicos comerciales. Nunca antes vi tanta publicidad, tanta propaganda. En Cuba la única publicidad y la única propaganda que existe en los muros de las calles, en las vallas de las carreteras, en la televisión, en la radio, en los periódicos y en cuanta plataforma hay allí son los mensajes políticos alegóricos a la «Revolución».

En la radio del taxi se escucha una emisora de deportes que sigue en vivo la jornada dominical de la liga española de fútbol. Los dos locutores hablan en catalán. Lo único que alcanzo a reconocer son los nombres de los clubes y los nombres de los jugadores que mencionan. Entro a Barcelona con su lengua como sonido ambiente.

He pasado toda mi vida en un mismo sitio, en una isla, conviviendo con los mismos códigos, con el mismo tipo de gente, abrazado a una misma idiosincrasia y ahora, de repente, todo se ha esfumado. Nada de lo que me asfixiaba, nada de lo que me protegía, está cerca.

Miro por la ventanilla del taxi. Lo poco que logro percibir da vueltas en mis ojos. Siento que estoy dentro de un torbellino. Una incomprensible cantidad de bares y restaurantes se amontonan de manera consecutiva. En cada uno de ellos hay gente bebiendo, comiendo, conversando; un montón de tiendas aún están abiertas pese a la hora; la gente corre para ejercitarse; la gente pasea por las avenidas contemplando la ciudad; siento que hay una vida. Una vida extraña.

Bajo del taxi en la Barceloneta, barrio en el que pasaré mis primeros diez días fuera de Cuba. Una ráfaga de aire frío me pega de plano en el rostro mientras observo las calles estrechas, los pequeñísimos balcones, los edificios apretujados. La penumbra de esta parte de la ciudad, en este instante, se me asemeja a la de La Habana Vieja. Esperando en la acera por el argentino que me rentará su cuartico de siete metros cuadrados, se me congelan las manos. Hay cuatro grados Celsius. Estoy acostumbrado a los inviernos a 20 grados de Cuba.

Subo al apartamento. Finjo que escucho las indicaciones del argentino porque comienzo a sentir que mi cuerpo se cuartea. Tengo náuseas, dolor de cabeza, temblores. El argentino cobra su dinero en efectivo. Se marcha. Después del sonido de la puerta, me siento en la cama. Me detengo a contemplar con detenimiento el lugar: un estudio con una mesa con dos sillas, una cocina con un refrigerador pequeño, cuatro vasos, cuatro platos, cuatro juegos de cubiertos, un baño donde no cabe mi cuerpo, un termómetro digital en la pared, y la cama donde estoy.

Me quito los zapatos. Camino descalzo hacia una de las ventanas que está cubierta por una cortina blanca. La abro. Encuentro en uno de los balcones del edificio de enfrente a una mujer de unos cincuenta años tomándose una copa de vino y fumando un cigarro. Luego bajo la vista. La dejo posada en la terraza de un restaurante donde comen cuatro personas. No veo lo que comen, pero presenciar la escena me da hambre. No tengo nada que comer ni ganas de salir a buscar algo.

Un escalofrío me lleva de nuevo a la cama. Una de las pocas cosas que puedo recordar de todo lo que dijo el argentino es la palabra calefacción. Busco en el cuartico el artefacto que pueda producir ese efecto. Cuando lo encuentro, tengo miedo de echarlo a andar porque es idéntico a un tipo de aire acondicionado que hay en Cuba. En Cuba, isla caribeña, no existe la calefacción, por lo tanto, los que nunca hemos salido de allí no sabemos cómo lucen los equipos que la generan.

De pie, luchando contra la indecisión de encender o no el aire acondicionado o la calefacción o el aparato que hace las dos funciones o lo que sea ese artefacto que tengo delante, siento un dolor en el cuello. Pienso que puede ser o por mal dormir las nueve horas del vuelo de La Habana a Madrid, más las dos horas de Madrid a Barcelona, o por voltear tantas veces el cuello para leer los carteles publicitarios de la carretera. El dolor en el cuello, el cuerpo congelado, el hambre y la incertidumbre por lo que va a venir me llevan a una cavilación: escapé de un manicomio y estoy desnudo en un bosque perdido.

II

Estaba demasiado pendiente de mí mismo.

Lo había fantaseado de tantas maneras que, una vez llegó ese día, transcurrió sin la solemnidad ni la grandilocuencia con que lo había imaginado. Siempre me pasa con las cosas que deseo. Es como si vislumbrarlas antes les quitara la capa emotiva a los hechos y luego, cuando se concretan, lo que queda es el suceso en seco, sin sustancias, sin la carga sensitiva.

Ese día era consciente de que cada acción sería la última que haría en mucho tiempo en esa isla. Era el velador de mi propia conducta.

Le pedí a mi padre que fuera a buscarme temprano en su viejo Lada, un auto soviético de 1980 con el que aprendí a conducir años atrás, para que me llevara a casa de mi madre a despedirme de mi abuela materna y mis dos hermanas. Llegué a Centro Habana con el cuerpo tenso. Mi padre detuvo el auto en el trayecto para confesarme que no confiaba en la idea de que el Gobierno me dejara salir del país.

Nos estacionamos debajo de un árbol frondoso del barrio El Vedado. En esa sombra mi padre me dijo que no tenía sentido que me hubiesen otorgado el pasaporte, después de negármelo durante tanto tiempo, para después vetarme la salida en el aeropuerto. «Lo mismo pienso», le respondí. «Pero tienes que estar preparado por si cambian de opinión a última hora», añadió. Una sospecha que me metió el miedo en el cuerpo. La frase me refrescó una idea que tenemos presente los cubanos: es mejor no intentar desentrañar el *modus operandi* del Gobierno, porque es imposible comprenderlo. Entonces, solo queda actuar, porque nada depende de ti. Mi padre me pidió que, si lograba finalmente pasar la aduana, lo llamara de inmediato. «No voy a hacer otra cosa que estar pendiente de tu aviso», dijo.

Una patrulla policial nos adelantó por el costado cuando terminó de hablar. Los dos la vimos, pero no nos atrevimos a decirnos lo que pensábamos. La patrulla se estacionó a unos cincuenta metros de nosotros. De ella bajaron dos policías que llevaban gafas de sol. No distinguíamos hacia dónde miraban. Mi padre arrancó el Lada y avanzó despacio. Mientras dejábamos la patrulla a nuestra espalda, ambos miramos el retrovisor. Vimos cómo los dos policías nos seguían con la vista. «Creí que nos iban a detener», murmuró entre dientes mi padre.

Llegamos a casa de mi madre. Mi abuela cocinaba. Mi hermana mayor arreglaba su habitación mientras mi sobrinito ordenaba un rompecabezas en el suelo. Mi hermana menor y su novio conversaban en la sala. Mi madre barría el patio interior. La hora que estuve allí transcurrió como si fuera un día cualquiera. Hasta que mi abuela hizo café. Lo llevó a la sala en una bandeja con las tacitas carmelitas de porcelana. Esas tazas de café mi abuela solo las saca de la repisa del comedor cuando hay visita o cuando la familia está reunida. Un juego de ocho tazas con ocho platos pequeños que su madre, mi bisabuela, recibió de regalo de su padre. Mi abuela dice que no hay en el mundo unas tazas de café tan perfectas. Mi abuela, cada vez que las desempolva, cuenta que el padre de mi bisabuela midió sus dedos antes de mandarlas a hacer para que las asas tuvieran la medida justa. Según mi abuela, en esas tazas cabe «la cantidad exacta de café que necesita una persona por la mañana para despertar y caer en la vida real». Por fuera, a relieve, las tazas lucen unas olas de mar.

Todos se sentaron a mi alrededor. Yo me balanceaba en un sillón de aluminio. Solo mi padre quedó de pie. Nadie hablaba. Todos miraban algún punto fijo de la casa. Lo único que se escuchaba era el roce del sillón con el piso. Era como si todos quisieran evitar el momento que se aproximaba. Pasamos minutos en silencio. Mi abuela miraba su taza de café, la examinaba dándole vueltas con sus dedos arrugados que pasaban por encima de las olas del mar de porcelana. Mi hermana mayor, con la mirada perdida, tenía su mano derecha enredada en el pelo de mi sobrinito. Mi hermana menor tenía su cabeza apoyada en el pecho de su novio, jugueteaban tímidamente a entrelazarse las manos. Mi madre intentaba arreglar una de las patas de una silla. Mi padre vigilaba por la ventana que no le fueran a robar algo al Lada. Tragué el último sorbo de café y dije: «Bueno, me tengo que ir».

Me puse de pie. Di unos pasos hacia la puerta sin llegar a ella. Me giré. Ahí estaban todos. Me habían seguido. A la primera que me acerqué fue a mi abuela. Tenía ochenta y tres años, probablemente era la última vez que la abrazaría. Me dijo algo entre lágrimas, con la voz cuarteada, que no logré entender y que no pedí que repitiese. Abracé al novio de mi hermana menor, que me dio un beso en la cara. Abracé a mi hermana menor, que se me quedó prendida del cuello durante unos segundos sin decir nada. Le di un beso y un abrazo a mi hermana mayor y, cuando nos separábamos, le dije que cuidara a mi sobrino de cuatro años. Me agaché para estar a la altura del niño. Sentí que el cuerpo se me electrocutaba. Cuando me incorporé, tenía las piernas acalambradas y muchas ganas de llorar. Mi madre, que me acompañaría hasta el final del día, me tomó del brazo. Salimos hacia el Lada. Mi padre encendió el auto y quise mirar una última vez la fachada de la casa de mi familia. Para mi sorpresa encontré la misma imagen de seis años atrás, cuando la Seguridad del Estado me detuvo por primera vez para interrogarme: mi familia en la puerta tiesa como estacas de madera, con caras desencajadas, observando cómo me marchaba sin tener la certeza de cuándo me volverían a ver.

Unas horas más tarde, en la puerta de mi casa, despedí a mi padre. Fue raro. Sentí que estaba huidizo. Después de un abrazo bajó las escaleras del edificio casi corriendo. En el piso de abajo hizo un gemido extraño con la garganta, como si se le hubiese atragantado un pedazo de pan.

Le pedí a mi madre que me acompañara al Malecón. Sentarme en el muro a contemplar el mar era lo último que quería hacer antes de ir al aeropuerto. Todas las mañanas y todas las tardes de las últimas semanas en Cuba las pasé sentado en ese muro. Quería despedirme de la ciudad. Ya que, aparte de mi familia, no tenía de quién hacerlo. Todos mis amigos, los del barrio, los de la secundaria, los del preuniversitario, los del servicio militar, los de la universidad, los colegas de trabajo, se habían largado de la isla. Y los pocos que aún no lo habían hecho no podían acercarse a mí para no tener que asumir las represalias que eso conllevaría. Por eso aproveché la pandemia y la ausencia de turistas para ir a todos esos lugares clichés de La Habana a los que nunca iba. Quería verlos por última vez. A la vuelta de esos paseos siempre terminaba en el Malecón, un sitio que para mí era una especie de retiro espiritual.

Mi madre se trepó en el muro conmigo. Los dos dejamos nuestros pies suspendidos en el aire. Debajo de nosotros el mar se estrellaba con fiereza contra los arrecifes. El golpe del agua contra las piedras, a ratos, hacía que se levantaran cortinas de espuma que nos acariciaban la piel y nos dejaban el sabor y el olor del salitre en el cuerpo. Estuvimos mirando el horizonte un rato hasta que dijo que todo iba a salir bien, que había que tener fe. Con lo de la fe se refería a salir del país. De ese modo supe que ninguno de mis padres tenía claro que pudiese producirse ese día, lo que tanto yo añoraba. Luego caminamos a casa sin hablar mucho. Fui directo al baño. Todo se me caía de las manos: la pastilla de jabón, la toalla, el cepillo de dientes, la ropa interior. Empezaba a ponerme nervioso. Estuve listo mucho antes de la hora en la que debía llegar el taxi. Todo ese tiempo de espera lo pasé pendiente del reloj mientras recorría el pasillo de la casa de un lado a otro mirando los círculos dibujados en las baldosas. Escuché un claxon. Me asomé al balcón y vi que era el taxi. Antes de tomar la maleta, quise saber qué transmitía el canal principal de la televisión cubana en el momento justo en el que me marchaba de Cuba. Encontré un programa especial que conmemoraba los sesenta y tres años de la entrada de Fidel Castro y su ejército de barbudos a La Habana. Bajé las escaleras, guardé el equipaje en el maletero del taxi y le di un abrazo, bastante corto para la ocasión, a mi madre.

En la entrada de la Terminal 3 del aeropuerto internacional José Martí me percaté que tenía uno de los cordones de mis zapatos desabrochado. Lo acordoné con una de mis rodillas en el suelo. Al levantarme, divisé a lo lejos al agente de la Seguridad del Estado que me había ordenado arbitrariamente mi última prisión domiciliaria. Estaba en la acera contraria junto a otro hombre. Cada uno hablaba por un teléfono móvil. Cada uno me miraba. Las miradas de aquellos hombres lograron taladrarme. El pecho se me agitó y comencé a sentir calor. Amagué con salir corriendo, pero, antes de dar las primeras zancadas, detuve el gesto, que se convirtió en un ademán brusco y desatinado. «¿Correr hacia dónde?» me pregunté sobresaltado. Tomé mi maleta y sentí que mis manos estaban empapadas en sudor, temblorosas. Mi cuerpo quería correr hacia la nada. Quería correr de mi presente e irse a algún otro tiempo. Quería huir finalmente. Quería correr, aunque no tuviera ningún sentido hacerlo. Porque adonde fuese, ahí me seguirían. Donde me escondiese, me encontrarían. Porque estaba en una isla donde todo se sabe, todo se escucha y no hay ni una sola posibilidad de burlar ese cerco demencial. La única manera de escapar de ese encierro es armar un armatroste para lanzarse al mar o montarse en un avión. Estuve a punto de la primera opción, pero no tuve valor para concretarla. Y ahora que tengo la segunda bastante cerca, me dije, lo único que puedo hacer es mantener la calma. Calma, calma, calma, me repetí.

Dentro del aeropuerto, de reojo, vi cómo los dos agentes, que estaban disfrazados de civiles, me seguían. No dejaban de hablar por sus teléfonos. En la fila para acceder al mostrador de la aerolínea los perdí de vista por unos minutos. Los volví a ver después que me entregaron el *boarding pass*. Me dirigí hacia las casetas de Inmigración. En el camino los observé velándome. Se habían sumado tres hombres más. Estaban escondidos detrás de unas pancartas con anuncios que hacían alusión a la patria, a la soberanía, a la nación, a la Revolución. Sin darse cuenta, esos hombres disfrazados, ocultándose en nombre y tras el nacionalismo fatuo cubano, reflejaban de manera perfecta la demencia que ha devorado al país. Quise saber si la persecución continuaba, por lo que adrede dejé caer la maleta. Al voltearme para recogerla del piso, los miré de frente. Los tenía cerca. Todos se vieron obligados a detener el paso, excepto uno que siguió caminando y pasó por mi costado izquierdo. Entonces escuché cuando dijo desde su teléfono móvil la clásica frase de estas escenas: «Todo bajo control». Una frase que debió haber soltado justo en ese instante para que yo la escuchara.

Llegué a una caseta de Inmigración por primera vez en mi vida. Solo había una mujer esperando su turno. Me coloqué detrás de ella. La mujer pasó y caminé hacia la caseta. El funcionario, sin hablar, con sus manos, me indicó que volviese atrás, que me colocase detrás de la línea que estaba marcada en el piso. Después del requerimiento, estuve un par de minutos aguardando por la indicación del funcionario para avanzar, pero el hombre no levantaba la vista de su mesa, parecía estar leyendo algo. Hasta que me hizo una seña de nuevo con sus manos, sin hablar. Me paré delante de él y, sin que le entregase mis documentos, dijo mi nombre. No respondí. Saqué mis documentos y se los pasé por debajo del cristal que nos separaba. El funcionario recibió los papeles mirándome fijo al rostro, como queriéndome decir que él aún no me los había pedido. Los tomó en sus manos y comenzó a leerlos. Leía y me miraba, leía y me miraba, leía y me miraba. Ese acto lo realizó unas cinco veces. Sentía que me estaba escaneando el cuerpo con su vista. Levantó un teléfono, habló con alguien. Hasta aquí llegué, pensé. Pero el funcionario puso un cuño en mi pasaporte. «Adelante, señor».

No sabía qué hacer. Al nerviosismo de la persecución de los agentes se me sumó el no tener ninguna experiencia en aeropuertos. Vi que las personas colocaban sus pertenencias en unas cajitas plásticas que rodaban por una estera mecánica. Comencé a imitarlos. Creía que cada objeto personal iba en una cajita, por lo que utilice bastantes. Cuando las cajitas comenzaron a entrar en el tunelcillo de rayos X, pensé que, si no las perseguía, del otro lado caerían al suelo. Quise acompañarlas por el costado de la estera sin pasar mi cuerpo por el arco más grande de rayos X por el que deben pasar las personas. Un agente de la aduana me tomó de la mano para indicarme que debía yo también pasar por rayos X. El hombre me explicó que no me preocupara, que las cajitas no caerían al suelo. Detrás de mí se había amontonado ya una fila de pasajeros que analizaban con asombro mi comportamiento. Algunos ni siquiera disimulaban la risa. Me miraban como si yo fuese un *performer*. Como si todo estuviese premeditado.

Con el pulóver sudado pegado a mi cuerpo como una estampilla postal, recogí mis cosas del otro lado de la estera. Iba a empezar a caminar cuando recordé a los agentes de la Seguridad del Estado. Intenté buscarlos con la vista sin éxito. En ese momento, mis ojos se estrellaron contra la mirada enjuiciadora de una fila de funcionarios de la aduana que me observaban. Vigilaban cada ademán, cada paso, cada gesto, la cadencia de mi respiración. Con sus miradas clavadas en mi espalda, avancé.

IIII

Abro los ojos y la cabeza me quiere explotar, me levanto de la cama, mis piernas son un flan acabado de terminar, camino hacia el baño con dificultad apoyando mis manos en la pared, orino, quiero lavarme los dientes pero estoy demasiado incómodo con la estrechez del baño, tomo el cepillo, la pasta dental y doy dos pasos hacia la cocina, abro el grifo, comienzo a lavarme la boca sobre el fregadero y veo por la ventana a la mujer del edificio de enfrente fumando un cigarrillo en su balcón.

Me pregunto si a ella también le dolerá la cabeza.

Inexplicablemente el hambre desaparece. Quizás, porque todo mi cuerpo está procesando la idea de estar por primera vez en un lugar que no es Cuba. Llevo años preguntándome cómo sería este aterrizaje y ahora lo estoy viviendo: sentirme extranjero, no saber absolutamente nada, ni dónde comprar pan ni dónde sacar una línea telefónica para contarle a mi familia que llegué bien.

Me duele la cabeza. Necesito café.

Afuera todo está gris. Llovizna. Poca gente camina. Miro el termómetro digital que está colgado en la pared: tres grados. Me visto como un globo aerostático con toda la ropa que me consiguieron varios familiares antes de partir de Cuba.

Casi todo el efectivo que traje se lo entregué al argentino a cambio de su cuartico minúsculo. Con muy poco dinero en los bolsillos, sin tener ni idea de cuánto puede costar una taza de café expreso o un paquete de café, salgo a la calle.

«Por eso después son los líos», escucho a mi espalda cuando cruzo una calle con el semáforo en rojo.

Llego a una avenida populosa. Pensaba que era una invención del cine la posibilidad de que tantas personas se amontonaran en una acera para ir a otra. Parecen dos ejércitos que se enfrentan en un campo de batalla. La luz verde del semáforo es una orden de combate que reciben las personas de ambos lados de la calle. En ese instante en el que los dos grupos contrarios se entrecruzan, quiero entrar. Penetro en esa marejada y me arrepiento al momento. No sé cómo reaccionar dentro de la explosión que se produce cuando las dos masas compactas chocan. Es como estar dentro de una mancha de peces y no saber nadar. Las personas me vienen de frente, parece que vamos a estrellarnos. Cada cual sigue su paso firme hacia adelante sin importar que haya alguien en su camino. Me obligan a esquivarlos con un brinquito hacia el costado. Pero en mi costado viene otra persona. Y al lado de esa, otra. Estoy enredado en una masa de gente desconocida que me mira con cara de asombro y fastidio.

Llego agitado a la acera contraria, camino sin rumbo para que el pecho se me calme, tengo náuseas, tengo ganas de gritar en medio de la calle, y las ganas de gritar me alivian la sensación de aturdimiento, me traen de vuelta a la realidad.

La gente camina por la calle como si estuviesen en una pasarela. Abrigos tan largos que llegan a los tobillos, abrigos felpudos, chaquetas de cuero, cuellos de tortuga, gafas enormes de sol pese a que el día es gris, gafas de sol tan pequeñas que no alcanzan ni a tapar los ojos, sombreros, gorras, pelos larguísimos sueltos, pelos cortos, morados, rosados, azules, ropa ancha, ropa ajustada, ropa de dormir, ropa de deporte como si fueran atletas profesionales, medias pantis de colores por debajo de las faldillas, zapatillas a ras de suelo, zapatillas robóticas que parecen plataformas. Caminan con perros amarrados a sus correas. No había visto tantas razas distintas. Perros tan grandes, con tanto pelo, tan chiquitos. Estoy en un zoológico. Sin moverme de la misma baldosa, admiro a todas esas criaturas exóticas.

Entro en una tienda sin nadie dentro. No puede ser posible, no puedo creer que en este lugar, el mercado más humilde que he encontrado, haya todo lo que en Cuba no hay: cepillos de dientes, desodorantes, papel sanitario, huevos, yogurt, queso, café. Camino el mercado, que tiene el mismo tamaño que el cuartico del argentino, como si estuviese en una galería de arte contemporáneo. Observo cada uno de los estantes, cada uno de los productos, como si estuviese ante piezas sublimes de una exposición que se inaugura en este momento.

*

En Cuba, tener un huevo o un paquete de salchichas en el refrigerador o un rollo de papel sanitario o un champú en el baño es ser un privilegiado. Para comprar lo poco que hay, los cubanos se ven obligados a salir de sus casas de madrugada y dormir a las puertas de las tiendas y los mercados. Si madrugas, con suerte, una vez que sale el sol y la tienda abre sus puertas y llega tu turno y hay papel sanitario y aceite y pasta dental, solo puedes comprar por ley, como mucho, dos cantidades de un mismo producto, para que «la oferta llegue a alcanzar a la mayor cantidad de personas posibles». Por eso durante la pandemia, para evadir el toque de queda que había instaurado de nueve de la noche a cinco de la madrugada, mucha gente se escondía en las alcantarillas, en las ramas de los árboles o alquilaba pasillos o balcones a los vecinos que tienen el privilegio de vivir cerca de las tiendas y mercados. Pasaban toda la noche en esos escondites para evadir a las patrullas policiales que merodeaban las ciudades. Los policías pensaban que las ciudades estaban vacías, pero las ciudades estaban repletas de gente escondida. Los cubanos no pueden dormir. No se duerme porque si lo haces, no sobrevives. En Cuba hay que dejar de dormir para comer, para bañarse, para asearse, para tomarse una cerveza o un trago de ron.

Una vez que las luces azules y rojas de las patrullas de policía se alejaban, la gente en las ramas de los árboles podía acomodarse un poco, podían destapar las alcantarillas para respirar aire fresco y dejar escapar el tufo subterráneo, podían asomar las cabezas en los pasillos, en los balcones. Cuando el reloj marcaba las cinco de la madrugada, la isla se volvía un hormiguero de gente que salía de sus guaridas provisionales para correr hacia las filas en busca de lo que hubiese en las tiendas y los mercados.

*

Mi cabeza está en Cuba. Una tristeza brutal me carcome. No puedo creer que existan tantos tipos de quesos, tantos tipos de yogures, de jamones, de cuchillas de afeitar, de deter gentes, tantos tipos de todo. En Cuba uno come lo que aparece, no lo que uno decide que quiere. Miro los estantes y la vista se me nubla. Demasiados colores, demasiadas marcas desconocidas, demasiadas cosas que no sé lo que son. Tengo miedo a seguir aquí, me aterra toda esta cantidad de productos, me tambaleo.

Me apoyo en un estante. Respiro hondo. Tomo con mi mano derecha un paquete de café sin mirar su marca. Voy a la caja a pagar como si fuera un forajido, como si me hubiese robado lo que acabo de tomar con mi mano. Estoy huyendo de este sitio. Saco mi billetera. Lo único que tengo son montones de monedas en euros cuyo valor aún no distingo. En la caja hay un árabe con un rostro surreal, hermosísimo. El hombre me ve contando las monedas y me mira con extrañeza. Salgo del mercado corriendo. Quiero regresar lo antes posible al cuartico del argentino. Llueve, la calle está resbaladiza. Unas gotas gordas y frías caen sobre mi espalda como proyectiles. Abro la puerta temblando de frío. Tengo la ropa mojada y a la vez siento que mi cuerpo arde. Me coloco un termómetro de mercurio, que he traído de Cuba, debajo de una de mis axilas y, en efecto, me faltan dos rayitas para llegar a cuarenta grados.

El cuerpo me pide a gritos que duerma un rato. Antes de hacerlo, necesito tomar café. Abro la bolsa y me percato que no podré: he comprado un paquete de café en granos, no molido. Me acuesto en la cama sin quitarme las tres capas de ropa.

IV

Siempre me pregunté cuán obstinadas y cuán abatidas debieron estar todas esas personas que, a lo largo de estas más de seis décadas de castrismo, decidieron lanzarse al mar para escapar del día a día en Cuba. Y, de repente, mi propia vida me puso delante la respuesta.

Una rabia descomunal se apoderó de mi cuerpo. Iba por la calle con ganas de darle un puñetazo a alguien. Miraba a las personas con cólera, con furia. No me explicaba cómo era posible vivir bajo un gobierno tan despótico y que la gente fuera de un lado a otro como si todo transcurriera de manera normal.

Estaba frente a la puerta de un amigo del barrio tocando su timbre con vehemencia. No llevaba ni un minuto, pero estaba desesperado por la demora. Sentí un alivio tremendo cuando escuché acercarse a la puerta unos pasos desde adentro.

Por un momento pensé que había llegado tarde y que no encontraría a mi grupo de amigos del barrio. No fue el dueño de la casa quien me abrió la puerta, sino otro amigo que me preguntó si quería tomar agua. Estaba empapado en sudor. «Estamos en el patio de atrás», me dijo mientras avanzaba por un pasillo estrecho.

No se habían marchado. En el patio estaban todos mis amigos desparramados por el suelo. Eran mis cinco amigos más viejos, con los que había crecido jugando béisbol y fútbol en los garajes del barrio. Con los que, de niños, tocábamos los timbres de las casas de los vecinos y nos mandábamos a correr, para que cuando abrieran las puertas no encontraran a nadie. Con los que les lanzábamos condones rellenos de agua a los parabrisas de los carros que pasaban por la avenida para forzar la persecución de un desconocido y a los balcones de los vecinos a los que les molestaba que estuviésemos sentados en la calle conversando en la noche. Ahí estaban, ahora de mayores, guareciéndose del sol y tomando un ron malo para celebrar con orgullo, después de semanas de trabajo, la construcción de lo que llamaban «la obra de sus vidas», un armatroste hecho con varios tablones de madera sobre seis cámaras de gomas de tractor y varias capas gruesas de poliestireno que unían las distintas partes de una supuesta embarcación. En esa cosa se subirían en las horas siguientes para escapar del país por mar.

Durante las semanas en las que armaron aquel bote improvisado, recibieron visitas de gente cercana que pasaba a despedirse o a ver con sus propios ojos la embarcación, que desde hacía mucho tiempo mis amigos llevaban promocionando en la esquina del barrio donde siempre estaban sentados. De ahí que pensaran, entonces, que yo llegaba con esas intenciones de mirón curioso y no con las ansias de sumarme a la expedición. Unas ansias que se esfumaron al ver las condiciones de la obra. Tan pronto toquen el agua, se hundirán, pensé.

Era tan frágil aquel objeto que, incluso teniéndolo delante de mis ojos, me costaba encontrarle alguna similitud con un bote. Mis amigos pasaron más tiempo buscando materiales para construirlo que armándolo. Cuando se lanzaron a la aventura de la invención, solo tenían claro que necesitaban la mayor cantidad de cámaras de gomas de tractor, pues esa sería la base para mantenerse a flote. «La clave es colocar una superficie inflable, lo más grande posible, que sea el eje y que a la vez soporte todo el peso», les aconsejó desde Miami un antiguo vecino del barrio que en los años noventa realizó la travesía junto a otras siete personas. Por eso mis amigos se enfrascaron primero en la misión de encontrar unas cámaras de gomas de tractor, que son las que utilizan la mayoría de pescadores en Cuba para salir a mar abierto. Y después, a partir de las gomas, confeccionaron, como pudieron, el resto de la barca.

Encontrar esas gomas fue lo más complicado. Tuvieron que viajar hasta la provincia Artemisa, a sesenta kilómetros de La Habana, para conseguirlas. El campesino que se las regaló, porque le pareció que vendérselas era un despropósito, les advirtió que estaban usadas y que llevaban mucho tiempo tiradas en su almacén. Al llegar a La Habana, mis amigos fueron directo a una ponchera, donde exclusivamente suturan los pinchazos de los neumáticos (ponches) y donde se les echa aire a las gomas de todo tipo de vehículos. Las cámaras de tractor estaban tan averiadas que el ponchero dedicó varios días a remendarlas como un cirujano.

Mientras el ponchero terminaba su trabajo, mis amigos recorrieron los latones de basura de los almacenes de las tiendas de La Habana con el objetivo de recopilar piezas de poliestireno. Este material les serviría para unir, con sogas y alambres, las gomas inflables a unas tablas de madera que serían el piso del bote. La madera fue lo único que no les costó encontrar: desarmaron el palomar que estaba en la azotea de uno de mis cinco amigos, que llevaba años criando palomas. Cada día de su vida, subía a la azotea por la mañana, al mediodía y en la tarde para darles agua y chícharos. Para él fue un drama desarmar el palomar, reducirlo a tablones, pero no quedó más remedio, porque la otra opción era comprar la madera que hiciera falta en alguna carpintería, un gasto inasumible. Con mucho pesar, mi amigo aceptó la idea con la condición de que él no participaría del desarme del palomar. Las palomas tuvieron que ser vendidas a otro vecino que también criaba en su azotea, y con ese dinero compraron comida y varias botellas de ron malo.

De abajo hacia arriba, por capas, la barca quedaría de la siguiente manera: sobre el agua las cámaras de gomas de tractor, encima piezas de poliestireno y, sobre todo ello, tablones de madera. En tres semanas lograron construir el armatroste. Era un objeto amorfo, por todos lados tenía una tabla salida, un pedazo de poliestireno como relleno, sogas amarrando todo aquello, cartones, alambres que colgaban. Era un caos. Lo único que verdaderamente podía darme la idea de barca eran las cámaras de gomas de tractor que ya estaban infladas y que debían garantizar al menos que la balsa flotara. Yo estaba ofuscado y rabioso, pero tuve el tino de no treparme en esa aventura. No había manera posible que saliera bien, me dije pensando que sería la última vez que vería a mis amigos.

La rabieta que me había llevado a ese patio reconvertido en astillero había nacido un día antes, cuando el Ministerio del Interior me anunció que estaba «regulado» hasta junio de 2021.

Era 2016.

La regulación migratoria es un término que inventó el Gobierno cubano para castigar por razones políticas a sus ciudadanos. Estar regulado significa entrar en una lista de personas que no pueden salir del país bajo ningún concepto. Esas personas quedan encerradas en la isla en una especie de prisión política. Los castigados, considerados en muchos casos enemigos del Gobierno, son ciudadanos que han tenido la osadía de expresar lo que piensan. Año tras año, opositores, artistas, activistas y periodistas independientes ocupan casi todos los renglones de esa lista. En la mayoría de los casos, los regulados no conocen el tiempo de duración de su sanción, ni siquiera cuándo comenzó ni cuándo acaba. Las personas se enteran que están reguladas, casi siempre, una vez que llegan al aeropuerto con sus boletos. Allí son apartados de la fila o bajados del avión.

El cubano no viaja por placer, lo hace para sobrevivir y no volverse loco. Viajar es sacar la nariz del totalitarismo, cargar el tanque de oxígeno para, a la vuelta, volver a sumergirte en el océano de la precariedad y la falta de derechos y libertades. Se viaja para comprar aseo, comida, ropa, materiales de trabajo, para respirar, para acceder a todas las necesidades básicas que hacen falta para tener una mínima vida digna, desde una esponjita para fregar las cazuelas y los sartenes hasta un cepillo de dientes o veneno para cucarachas. Los cubanos no viajan para hacer turismo o relajar. De hecho, los cubanos no conocen el significado de la palabra relajación, no lo han experimentado en las últimas seis décadas. La imposibilidad de viajar es la manera más sencilla de chantajearte y amenazarte, de intentar «corregirte». «Si te vas a oponer a mí —dice el Gobierno—, pues no comerás, no te vestirás, no te podrás asear y, además, no sabrás cómo es el mundo más allá de los límites de nuestra isla».

En Cuba, los ciudadanos pudieron viajar libremente por primera vez en 2013. Ese año el Gobierno aprobó una nueva reforma migratoria que rompió con una antigua ley que obligaba a los cubanos que quisieran viajar a presentar ante el Gobierno una solicitud de viaje donde se explicaran los motivos de ese propósito. Entonces, de acuerdo al análisis de esa solicitud, el Gobierno decidía si otorgaba o no un «permiso de salida» al ciudadano. A partir de 2013, los que quisieran volar fuera de la isla podrían hacerlo, pero tendrían que pagar por su pasaporte el equivalente a cien dólares en pesos cubanos. En 2013 el salario medio en Cuba era de treinta dólares mensuales, por lo que solo unos pocos tenían el lujo de obtener su pasaporte. Yo, por ejemplo, ese año escribía mis primeros artículos en la prensa y ganaba por cada uno de ellos unos tres dólares. Dentro del gremio periodístico, eso era ser un burgués. Por eso cuando me regularon en 2016 no había salido nunca de la isla y ni siquiera tenía pasaporte. Pensé que viviría encerrado en Cuba toda mi vida.

A diferencia de la mayoría de las personas que entraban en esa maldita lista, a mí sí me notificaron que mi sanción llegaría hasta junio de 2021, es decir, en teoría mi encierro duraría cinco años. Sabía el tiempo que duraría mi sanción por la misma razón que me la notificaron a mí y no al resto de los regulados: era miembro del Ministerio del Interior. Entré en esa institución, la más tenebrosa y la más odiada de toda Cuba, porque fue la manera que encontré para estudiar la licenciatura en Periodismo en la Universidad de La Habana, que, a su vez, era la manera de volverme comentarista deportivo. Mi sueño.

Quise ser beisbolista a los diez años, pero no estaba sobrado de talento. Así que sin mucho drama decidí que quería dedicarme al deporte de otra forma. Era adicto a los deportes, a verlos por la televisión y a jugarlos en el barrio. No sé cómo empezó esa adicción, ni quién contribuyó a ella, porque crecí en una casa donde prevalecía el sedentarismo, donde en las noches se veían novelas mexicanas y brasileñas y no deportes. Cómo nació esa pasión es un recuerdo que no tengo.

Estaba tan enfermo con el deporte que, cuando mis amigos no estaban disponibles para ir a la calle a jugar, me quedaba acostado en el sofá o en la cama de la habitación que compartía con mi hermana mayor, jugando a narrar partidos en voz alta con muñecos. Podía pasar tres y cuatro horas seguidas sin moverme del lugar, solo describiendo o gritando las jugadas de béisbol, fútbol, voleibol, baloncesto o atletismo. En esos partidos ficcionados recreaba las escenas reales que se me habían quedado grabadas en la retina después de verlas en la televisión, aunque muchas veces incluía pasajes que me inventaba, donde aparecía yo como personaje protagonista. Con la voz imitaba a los comentaristas del único canal de deportes de Cuba, Tele Rebelde, porque eran mi referencia. Sobre todo a Héctor Rodríguez y Eddy Martin, la dupla de narradores que describían la liga cubana de béisbol. «Ahí va un batazo, alto, largo, la bola se va elevando, se va elevando, la bola se va, se va, se fue de jonrón». Así describía delante del micrófono Héctor Rodríguez los jonrones y así imitaba yo, tumbado boca arriba, agitando con mis manos los muñecos. Ese contrapicado me era más espectacular que tener a mis personajes de frente. La perspectiva de tenerlos en el aire, encima de mí, le daba otra dimensión al juego.

Disfrutaba tanto ese momento de intimidad con mi imaginación que, cuando mi madre o mi abuela me obligaban a parar porque la mesa estaba servida con la comida o porque era la hora del baño, sentía que tenía la boca y los dedos de las manos entumecidos. Nunca quería dejar tirados a la tortuga ninja Donatello, a Elpidio Valdés —el superhéroe cubano, un mambí que peleaba contra los españoles en el siglo XIX— y a las muñecas de mi hermana. Todos ellos eran quienes encarnaban a Javier Méndez —mi beisbolista preferido—, al saltador de altura Javier Sotomayor, al boxeador Félix Savón, al saltador de longitud Iván Pedroso, al equipo de voleibol femenino conocido como las Morenas del Caribe y a mí mismo, que podía aparecer en el estadio Latinoamericano con la chamarreta de Industriales —equipo de béisbol de La Habana— o sin camisa, en el descampado de la esquina del barrio, anotando un gol rasante entre dos piedras que simulaban los postes de una portería.

De más grande, con doce años, llegó la furia de las consolas a mi barrio. A tres cuadras de mi casa, una señora rentaba un PlayStation en la sala de su apartamento. Nunca supimos cómo llegó un juego tan moderno a nuestro barrio ni quién era su verdadero dueño, la señora o su hijo, que tenía nuestra edad y fue quien nos informó que, si pagábamos diez pesos cubanos, podíamos jugar una hora. Comenzamos a frecuentar esa sala los fines de semana. Cada uno del grupo de amigos se pasaba de lunes a viernes separando algo del dinero que nos daban nuestros padres durante la semana para la escuela. Había quien se lo había gastado todo y, para no quedarse fuera de la juerga, lo robaba de la billetera de sus padres. Un par de veces, yo tuve que robarle a mi abuela. Cuando llegaba el sábado, juntábamos lo reunido, que casi siempre nos permitía llegar a las tres horas, es decir, treinta pesos cubanos —el equivalente a un dólar y diez centavos—. Esas tres horas las pasábamos sentados delante del televisor de una casa ajena donde la vida seguía con su rutina. Lo único que jugábamos era deporte, nada de juegos de estrategias, de guerras, de peleas, de superhéroes o de cualquier otra cosa. Por eso, tranquilamente, podíamos estar gritando goooool y la señora estar a nuestro lado limpiando el piso, planchando, hablando por teléfono o atendiendo una visita. Era una tortura las veces que llegábamos a la hora del almuerzo —comida en España—, con la barriga vacía, y teníamos que seguir jugando porque ya habíamos pagado por esas horas mientras la señora y su hijo se sentaban a comer en una pequeña mesa de madera. Yo lo sufría más porque muchas veces no jugaba, me dedicaba a narrar los partidos como si fuera un locutor de televisión. Por lo que mis tripas, que parecía que tocaban rumba, me llevaban a estar pendiente de la comida que no iba a probar. Un par de veces el hijo de la señora me vio observando meticulosamente cómo se llevaba una cucharada a la boca, cómo le miraba su plato de comida con devoción, pero no fue capaz de brindarme.

Me tomaba tan en serio las narraciones que muchas veces me emocionaba. Gritaba con todas mis fuerzas un gol o un jonrón o un enceste en la sala de aquel apartamento. Después del grito, la señora me regañaba. A mis amigos les encantaban mis narraciones. Por eso silenciábamos la voz de los locutores de la consola, para que solo se escuchara la mía.

Años después supe que para llegar a ser un narrador de deportes tenía que vincularme a los medios de comunicación. La única vía era estudiar periodismo en la universidad y de ahí dar el salto. Era casi imposible para mí, un estudiante de un preuniversitario normal. A la carrera solo entraba una treintena de alumnos de todo el país cada año. La mayoría de esos jóvenes eran estudiantes de escuelas vocacionales, un experimento de Fidel Castro que consistía en aglutinar en un mismo centro educativo a los alumnos con mejores resultados académicos de cada provincia. Ellos se quedaban con todas las plazas.

Fiel a mi pragmatismo, tenía claro que era inferior a todos esos eruditos de las escuelas vocacionales. La cuenta no me iba a dar si me lanzaba a competir. Mi padre, que era teniente coronel, me propuso un pequeño atajo: entrar en un programa del Ministerio del Interior llamado «Cadetes insertados».

La ventaja era que solo tenía que competir con los alumnos del programa. Ese ministerio quería atraer a jóvenes que estudiaran al más alto nivel para que después aportaran ese conocimiento a su institución. Te garantizaban estudiar en la universidad y luego les pagabas con tus años de servicio social, que es la manera que tiene el Gobierno cubano de cobrarles los estudios gratuitos a los ciudadanos. Es decir, el Estado cubano no cobra ni un solo centavo por la educación que brinda, pero los padres o los propios estudiantes tienen que hacer malabares para resolver uniformes, mochilas, libretas, lápices, meriendas, almuerzos, pagar el trasporte, pagar profesores particulares porque hay asignaturas que no tienen o porque las clases son ineficientes y, en no pocas ocasiones, hay que encontrar en el mercado informal hasta la bibliografía de los cursos. Una vez llegado el final de la carrera estudiantil —primaria, secundaria, preuniversitario, universidad—, cada alumno tiene que pagarle al Estado por el gesto bondadoso de «no cobrarle» todos esos años de estudios. De acuerdo con sus especialidades, los universitarios son ubicados en los puestos laborales que el Estado determina. Las mujeres están tres años acatando esas órdenes. Los hombres dos, porque les cuentan el año previo de servicio militar obligatorio por el que hay que desfilar para llegar a ser un universitario hombre en Cuba. En caso de no cumplir con el tiempo de servicio social, el Ministerio de Trabajo invalida los títulos universitarios.

No tenía claro cómo un periodista podía aportar algo al Ministerio del Interior. Una displicencia que terminó enredándome la vida. Pensaba que, si comenzaba a pasarla mal, mi padre podría meter las manos en el asunto por mí y sacarme del embrollo. O aguantar esos años como otro servicio militar más y ya luego irme a cumplir mi sueño.

Lamentablemente, un par de años en la universidad me bastaron para percatarme de que el sueño de ser comentarista deportivo tampoco iba a concretarse. Descubrí que mi dicción es pésima porque me como montones de letras como buen cubano, que hablo a una velocidad desorbitada y que las cámaras, los micrófonos..., ser el centro de atención me atemoriza. Tenía que volver a cambiar de rumbo.

El golpe de timón llegó al tercer año de carrera. El profesor de la asignatura de Periodismo de investigación mandó a leer *Operación Masacre*, de Rodolfo Walsh, para analizarla en clase. En ese momento de mi vida no estaba habituado a leer, solo lo hacía cuando me topaba algo de deporte en algún periódico o alguna revista. Por lo tanto, pasé de largo. Cuando llegó la clase, me senté al final del aula. Quería pasar desapercibido durante la hora y media que duraba el turno.

Sucedió todo lo contrario. Recibí un latigazo al escuchar lo que opinaban sobre el libro mis compañeros y el profesor. El brutal contexto argentino de 1956. Cómo Walsh había logrado armar el relato con herramientas del periodismo, de la ficción, de la literatura, en definitiva. Cómo todo aquello, como proceso creativo, como encomienda política, como producto comunicativo, era una clase magistral de la narrativa como salvaguarda de un país. Todo lo contrario a cómo funciona en esta isla, pensé.

Pasé de jugar a los escondidos en el aula a pedirle el libro a la compañera que estaba en el puesto de adelante. Había leído las primeras páginas de *Operación Masacre* cuando sonó el timbre de fin de clase. Además, había arrancado un pedazo de hoja de papel de una de mis libretas, en el que le escribí a mi compañera: «Si me lo prestas hoy, hago lo que quieras mañana». Ella se volteó sonriente sin decir nada y volvió a incorporarse en su asiento. Asumí el gesto como un sí.

Aquel día faltaba aún un último turno de otra asignatura, pero decidí irme a casa con el libro en mi mochila. Se me había abierto una puerta a una tierra desconocida. De camino comencé a no entender lo que había pasado. ¿Cómo este profesor, encargado de formar a la próxima generación de hormiguitas aduladoras del poder que iría a los medios a ensalzar el *statu quo*, fue capaz de brindar un ejemplo donde se hace todo lo contrario? Y no era solo que el ejemplo mostrara una dirección inversa a la lógica que debería imperar en la academia cubana, sino que demostraba que es posible narrar la realidad con colores y no en blanco y negro; con pliegues y no de forma plana; con profundidad y no con mirilla corta; con implicación y no con distanciamiento; con autenticidad y no de manera frugal, y, sobre todo, con franqueza. Eso, el pulso de la narración, la historia bordada a mano, el vigor de un relato con cabeza, cuerpo y extremidades, fue lo que me encandiló.

Estaba tan embelesado con las primeras páginas de *Operación Masacre* y con lo que había escuchado en el aula sobre el libro que erróneamente llegué a pensar, impulsado por la impresión del descubrimiento, que el profesor nos había empujado hacia la verdadera narrativa de denuncia con la intención de que la acogiéramos como un paradigma. Una idea desechable pues a esa altura de tercer año de la carrera ya habíamos pasado cuatro veces, durante un mes cada ocasión, por los medios de comunicación como periodistas practicantes. Sabíamos de sobra que la prensa cubana era un aparato de propaganda del Gobierno y no un ente cuestionador de la realidad. Que está diseñada a partir del secuestro de su propia existencia y por ende es imposible, desde adentro, dinamitar su ecosistema.

*

Estos medios de comunicación funcionan de manera vertical. Los rigen las órdenes dictadas por el Departamento Ideológico, una de las tantas oficinas que se ubican dentro del cuarto de máquinas que administra a Cuba, el Comité Central del Partido Comunista. Esta oficina le indica a cada uno de los directores de los medios de comunicación de toda la isla qué es lo que pueden publicar y qué no. Y estos directores, muchos de ellos funcionarios del Partido que nada tienen que ver con el periodismo, solo tienen potestad para ordenar la información. Su margen de maniobra se reduce a desestimar publicaciones de acuerdo a lo estipulado por los superiores como publicable y a la preponderancia que les dictaminen. En caso de que algún periodista tenga la ocurrencia de proponer algo fuera de esos márgenes o que el propio director del medio quiera meter las manos donde no debe, por ejemplo, un reportaje que «denuncie» cómo la población de X municipio se queja de la calidad del pan, o las negligencias del acueducto de la provincia X que no ha prestado suficiente atención al salidero de agua de X avenida, o el no cumplimiento de X central azucarero de las cuotas previstas para la zafra, esas informaciones tendrán que ser igualmente aprobadas por el Departamento Ideológico, por lo que tendrán que realizar el viaje de consentimiento de forma inversa a lo establecido.

Después de cada semestre realizábamos prácticas laborales obligatorias en esos medios. Dentro de esas redacciones, un periodista se encargaba de tutorar nuestra labor y de evaluarla con una nota. Las prácticas eran una asignatura más. Aunque en realidad eran o unas vacaciones o un infierno. Todo dependía del tipo de medio que te tocaba: nacional o de provincia.

Medio de provincia significaba computadoras ancestrales, internet de palo, periodistas tutores a los que les incomodaba la presencia de los practicantes o a los que les era indiferente, por lo tanto, era mejor ni portarse por allí. Como mucho, en la mayoría de los casos, el trabajo que se nos asignaba era ir a escribir una nota informativa de alguna reunión sindical, algún acto patriótico conmemorativo de una efeméride de poca monta, alguna presentación de la cartelera cultural de la ciudad. A mí me tocaron ese tipo de medios. La Agencia de información nacional donde no escribí ni una palabra porque mi tutor solo fue un día a la redacción en un mes; la emisora Radio Coco, donde mi trabajo fue sentarme en el estudio de grabación mientras transcurría un programa vespertino de deportes, es decir, yo era un oyente más; la revista *Juventud Técnica*, una publicación juvenil de ciencia y tecnología, donde me pidieron el favor de fotografiarme sin camisa, simulando un abrazo a una muchacha que trabajaba en la cafetería, para encabezar un texto por el día del amor; la revista *Bohemia*, el medio más antiguo de su tipo en Cuba, donde me incorporaron a un equipo que investigaría la falta de bolsas de nylon en las tiendas y la venta ilícita de las mismas en el mercado informal, investigación para la cual, pasado un mes, el equipo no se reunió.

Mis compañeros destinados a los medios nacionales tampoco aprendieron nada, a pesar de tener ordenadores más modernos y una conexión a internet más decente. Para llegar a esas redacciones tenían que pasar justo por enfrente del Ministerio de las Fuerzas Armadas. Por esas calles había un tráfico incesante de pequeños escuadrones de soldados que marchaban hacia sus postas de guardia y de oficiales de más alto rango que andaban tranquilamente con sus armas en su cinturón. Un ambiente que alertaba a mis compañeros del terreno que pisaban.

Las redacciones estaban dentro de unos edificios cuadrados, unos bloques de cemento que se elevaban hacia el cielo dando la impresión de cárceles. Allí, al estar más cerca de la cúspide del Partido Comunista, había más ojos, más tensión, lo que se traducía en más surrealidad. Los tutores estaban más pendientes de los estudiantes, eran más severos. Constantemente mandaban a los practicantes a coberturas que luego no publicaban. Si al aprendiz lo enviaban a la calle —casi siempre a un acto militar, deportivo o cultural— para que escribiese una nota de verdad, esas líneas eran revisadas, antes de entrar en la telaraña de filtros oficiales del medio, por el tutor y por un miembro del Departamento Ideológico cuyo trabajo era merodear entre las distintas redacciones de los medios para velar lo que se escribía en ellas. Las notas terminaban mutando considerablemente tras ser intervenidas en cada uno de los escalones de revisión. Después de estar listas para su publicación, esos Frankenstein ajustados a los aderezos que demandaban los ojeadores del Partido Comunista podían firmarse en coautoría con el tutor. Conozco casos de compañeros que publicaron notas sin haberse sentado al teclado. Se enteraban que había aparecido una información bajo su nombre cuando la encontraban publicada. El tutor, el director del medio o el representante del Departamento Ideológico, así lo había decidido.

En las aulas de la facultad de Periodismo los profesores podían brindar todas las herramientas que quisiesen. El profesor que analizó *Operación Masacre* lo sabía. Sin dudas su clase era una puesta en escena. Nos brindó el libro de Walsh consciente de que una vez abandonáramos la facultad en dirección hacia los medios de comunicación, a pesar de tener la mochila cargada de conocimiento, nada de lo aprendido en clase nos iba a servir para desarrollar la profesión. Porque el andamiaje de la prensa cubana es infranqueable.

*

Leí *Operación Masacre* en una noche. Al día siguiente le regalé un cucurucho de maní a mi compañera de aula por su préstamo. Ella siguió haciendo gala de su bondad y me contó que en la biblioteca de la facultad había otros dos libros sublimes que podrían gustarme, *Cabeza de turco*, de Günter Wallraff y *A sangre fría*, de Truman Capote. Fui a la biblioteca a sacarlos. Era mediodía. La puerta estaba cerrada. Toqué. Me abrió la bibliotecaria masticando con la boca cerrada. En una mano sostenía un pozuelo plástico con arroz con frijoles y algo más que no alcancé a distinguir y en la otra un pomo de agua que sudaba su descongelamiento. Le conté a lo que iba mientras ella tragaba. Me respondió que tendría que esperar unos veinte minutos, porque, como podía comprobar con mis ojos, estaba en su horario de almuerzo.

Se me ocurrió que, mientras la bibliotecaria terminaba de almorzar, podía aprovechar el tiempo en el laboratorio de computación, una habitación con una docena de ordenadores para unos mil estudiantes, a muchos de los cuales les faltaban el teclado o el *mouse*. En ese espacio fue donde, en 2007, me conecté por primera vez a internet. Recuerdo mi primera búsqueda: técnicas para mejorar la dicción.

A cada uno de los alumnos se nos asignaba cada mes dieciséis megabytes para navegar en páginas internacionales. Una cuota que se agotaba enseguida. Aproveché que estaba disponible una computadora a la que le faltaba el *mouse* para buscar información sobre los libros de Wallraff y Capote. En esa búsqueda me saltaron otros nombres: Gay Talese, Norman Mailer, Hunter S. Thompson. Antes de consumir mis megas, abrí un documento Word en el que copié textos de todos estos autores. Más tardé me lo llevé a casa junto con los dos libros.

Días después, cuando había acabado con el cargamento de lecturas, me vi en la necesidad de comenzar a pedir las cuotas de internet a los amigos de la facultad que no las utilizaban: mucha gente no se tomaba el trabajo de ir al laboratorio de computación porque siempre estaba lleno y porque los dieciséis megabytes se acababan demasiado rápido. No compensaba hacer una fila inmensa para estar en internet unos pocos minutos. Mi idea era seguir buscando otros autores para añadir al documento Word, que pasó a ser un repositorio narrativo. Fueron apareciendo más nombres: Jon Lee Anderson, Leila Guerriero, Martín Caparrós. Más textos, más crónicas, más historias. El Word se hizo interminable, cada vez que podía le añadía páginas y páginas de nuevos relatos. Ese documento fue mi verdadera universidad. Comencé a leer como nunca antes lo había hecho. Esas lecturas me dieron unas ganas tremendas de escribir por primera vez. Salí de la universidad con el propósito de narrar historias.

*

Estaba ansioso por conocer dónde iba a pasar mis años de servicio social dentro del Ministerio del Interior. Cuando tomé el teléfono de casa y escuché a un hombre presentarse como oficial de la Policía Nacional Revolucionaria, supe que mi libertad tardaría en llegar.

«Yo estudié periodismo, no para ser policía», le dije. Después que mi frase le causara risa, el oficial contestó que me tenía un trabajo más interesante que el de ser periodista. «No serás policía, el puesto que te asignamos es el de oficial operativo», escuché y el cuerpo se me enfrió. No tanto por el hecho de lo que implicaba ser un «oficial operativo», un policía encubierto, un infiltrado, uno de esos agentes que siempre van de civiles y tienen fachada de cualquier cosa menos de policía, sino que me preocupaba que el oficial hablaba de «puesto» y de algo «asignado», lo que a las claras presagiaba que ya vendría un problema por delante. Estaba anclado en alguna plantilla oficial. Pertenecer a algo oficial en Cuba es lo peor que puede ocurrirte.

El programa Cadetes insertados me obligaba a trabajar en el Ministerio del Interior, pero ese puesto tenía que estar relacionado con mis estudios. Así que escribí una queja y me quedé en mi casa esperando la respuesta. Dos meses después, recibí otra llamada. Me habían encontrado un puesto laboral relacionado con el periodismo. Lo acepté por miedo a que me invalidaran mi título universitario.

Al lugar le llamaban «la Fílmica» porque era un departamento del Ministerio del Interior que años atrás había coordinado varias series televisivas policiales y que, en el momento en el que llegué, se dedicaba sobre todo a la comunicación institucional, aunque seguía manteniendo un equipo de filmación. Con mi arribo, la plantilla de comunicación pasó de dos a tres personas. El teniente coronel Alfredo era el jefe: solo tenía cuatro dientes en la boca, pasaba los setenta y cinco años y las patas de los lentes que usaba estaban entizadas con esparadrapo. La segunda jefa era la teniente coronel Raiza: una señora de unos cincuenta años que no pasaba el metro con cincuenta centímetros de estatura, que usaba el uniforme superajustado al cuerpo y siempre se estaba o maquillando o peinando.

La Fílmica era una mansión de El Vedado que perteneció a una familia rica cubana antes de 1959. Tiene un patio enorme, tres pisos y un parqueo donde en las noches todos los vecinos del barrio guardan sus carros y motos. En la primera planta, con un balcón que da a la Avenida 23, estaba nuestra oficina, una habitación con los tres puestos de trabajo. Cada uno de nosotros tenía un buró de madera con gavetas y una computadora de escritorio donde ni el juego del Solitario se reproducía con calidad. En las paredes sin pintura no había cuadros ni adornos. Del techo con grietas caía un cable lleno de telarañas que sostenía un bombillo incandescente.

El departamento se encargaba de gestionar y supervisar toda la información que salía en los medios de comunicación del país relacionada con el Ministerio del Interior. Para ello visitaban las sedes de los medios, organizaban reuniones con los periodistas para dictarles notas ya prehechas, les entregaban comunicados y, en algunas ocasiones, se inventaban viajes fuera de La Habana para promover la labor de la institución en las provincias. Es decir, Alfredo y Raiza brindaban la información que los medios podían publicar sobre el ministerio y, cuando esa información estuviese redactada, tenía que pasar, obligatoriamente, por sus ojos de vuelta para que llegara a publicarse bajo su aprobación.

Como el trabajo ya estaba bien engrasado, no tenían qué encomendarme.

Los primeros días sentí que les incomodaba. Que yo había llegado para romperles su rutina ya diseñada, para robarles una porción del espacio de esa oficina. Los sorprendía mirándome de reojo mientras leía algún libro que cargaba conmigo porque no tenía nada que hacer. Mi presencia significaba que ellos quedaran en evidencia, que se miraran a un espejo a través de mí. Ellos tampoco tenían nada que hacer porque sobre el Ministerio del Interior casi nunca se publicaba información.

Un día, muy cabreado, el teniente coronel Alfredo se volteó hacia a mí y me espetó desde su escritorio que en el horario de trabajo no se podía leer nada ajeno al Ministerio del Interior y que mi encargo sería, a partir de ese momento, revisar todos los días los tres periódicos con tirada nacional para, en caso que se publicara una noticia sobre el Ministerio del Interior, la recortase y la archivase. Y, sin mirarme a la cara, me dio una tijera con los ojales verdes y una carpeta plástica azul.

Durante más de un año, de lunes a viernes, de ocho de la mañana a cinco de la tarde, ese fue mi trabajo: coleccionar recortes de periódicos.

A veces llegaba en la mañana a la oficina y ni siquiera encendía la computadora, solo abría la gaveta y ponía sobre el escritorio la tijera y la carpeta. Era un suplicio levantarme todos los días para ir a ese lugar. Aunque no se publicara nada en la prensa, tenía que estar desde las ocho de la mañana hasta las cinco de la tarde sentado en el buró de manera obligatoria. No había variantes. Mi escritorio quedaba justo al costado del puesto del teniente coronel Alfredo. Él veía cada uno de mis movimientos. Si ponía una película o jugaba al solitario en el Celeron, se percataba y me mandaba a quitarlo.

Lo único que me consolaba era saber que, a pesar de que mis compañeros de aula de la universidad estaban en periódicos, en agencias de noticias, en la radio y en la televisión, estaban igual de abatidos que yo. Cuando los veía, las experiencias que me contaban eran desoladoras. A los de los periódicos les obligaban a poner su firma en notas que les entregaban ya redactadas desde el Comité Central del Partido Comunista; los de radio y televisión se dedicaban a comentar solo noticias del ámbito internacional sin implicaciones políticas para el Gobierno y los de las agencias se habían convertido en atribulados cazadores de conferencias de prensa sobre la zafra azucarera, las siembras de café y las efemérides revolucionarias.

*

Afuera de la Casa de las Américas, Carlos Manuel Álvarez, amigo de la universidad, me presentó a Mayle González, editora de *OnCuba*, una revista estadounidense que quería abrirse paso en la isla, cuyo dueño era Hugo Cancio, empresario cubano radicado en Miami. Estábamos en ese lugar valorando qué hacer porque no alcanzamos a entrar a un concierto del trovador Frank Delgado. Mayle contó que en *OnCuba*, donde ya Carlos Manuel escribía, estaban buscando periodistas. En ese momento no había escrito ni siquiera una línea en prensa. No tenía dónde hacerlo. En silencio comencé a procesar la idea de ofrecerme. Pero tuve miedo. Nunca me había enfrentado a la posibilidad de escribir algo. Me empezó a aterrar la idea de no tener la capacidad, aunque tuviera las ganas. Aunque de deportes sí que puedo escribir, me dije a mí mismo. Sobre los deportes que jugaba de niño en el barrio. Con los que soñaba narrar para la televisión o la radio: béisbol, fútbol, voleibol, boxeo, atletismo. Los deportes me dan confianza, los deportes son mi zona de confort, los deportes es lo que más disfruto, seguí diciéndome. Y sin darme cuenta, abrí la boca: «Yo quisiera escribir de deportes». Mayle, sin imaginar todo el drama que conllevó esa frase, respondió «buenísimo».

Mis primeros artículos los escribí en la computadora medieval de la Fílmica. ¿Cómo? Se me ocurrió que podía fingir que llevaba los registros de los recortes de periódicos en un documento Word. Así podía burlar la vigilancia del teniente coronel Alfredo, quien a cada rato se volteaba hacia mí para revisar en qué andaba. Cuando notaba que iba a girarse, me volvía un actor. Movía la vista dos o tres veces de la pantalla, donde estaba el hipotético registro virtual, a la carpeta plástica azul, para aparentar que estaba trabajando con los archivos. Luego, cuando sentía que la mirada enjuiciadora del señor abandonaba mi cuerpo, volvía a escribir.

OnCuba fue el germen para mucho de lo que pasó después en el ecosistema de medios independientes del Estado. En ese momento, propuso una visión más apegada a la realidad de la isla que la que brindaban el resto de los medios cubanos. Con ello ganó lectores. Los principales periodistas jóvenes del país comenzaron a tocar esa puerta para publicar. Fue un momento bonito. Un nacimiento. Cuando todo parecía perdido, cuando no había ningún lugar donde sentirse cómodo y libre, apareció esa revista para salvar a una generación de periodistas que estaba a la deriva. No solo era uno de los pocos sitios donde se podía narrar la Cuba real, además, tenía el valor añadido de que pagaban en dólares. Mi primer salario fue de seis dólares por dos notas. La alegría se me caía de los bolsillos.

La mayoría de aquellas primeras notas de deportes que escribí narraban la vida de los deportistas cubanos que habían decidido largarse del país y que, por ello, el Gobierno los había borrado del imaginario nacional. Irse al extranjero y desarrollar sus carreras como atletas lejos de la isla significaba, por ley, que no pudieran representar más nunca a la selección nacional. Hasta ese momento muy pocos periodistas habían intentado contar este tipo de historias desde dentro de la isla. Me lo propuse por eso y porque las fugas siempre son buenas historias.

Me interesaba contar cómo, a partir de 1959, Fidel Castro expulsó de la isla todo lo que oliera a deporte profesional. Luego implantó un sistema deportivo basado en el amateurismo. La idea era desarrollar una estructura piramidal donde el primer escalón fuese la captación de niños con talento en las escuelas y en los centros deportivos. Un escalón intermedio donde los talentos se desarrollaran en escuelas especializadas. Y la cúspide: centros de alto rendimiento para albergar a las selecciones nacionales. En resumen: una fábrica ensambladora de deportistas. La idea, por un tiempo, fue exitosa. Produjo excelentes resultados internacionales. Siendo Cuba una nación subdesarrollada de once millones de personas, en los Juegos Olímpicos de Barcelona 1992 llegó a ocupar el quinto lugar del medallero. Una proeza. Pero el deporte cubano no está deslindado de lo político, de hecho, va de la mano. Y la crisis sistémica de la isla, con el paso de los años, también hundió al deporte.

Los atletas en Cuba sufren la misma carestía económica que el resto del pueblo. Entrenan, en muchas ocasiones, en condiciones infrahumanas. Sus salarios son paupérrimos. Si salen del país sin la avenencia del Estado con el fin de buscarse una mejor vida o desarrollarse, son asumidos como traidores. A la altura de 2013, cuando ya todo era un caos y una masa de atletas se había largado de la isla sabiendo que no volverían a representar a su país, el Gobierno quiso darle una vuelta de tuerca al asunto con una serie de reformas que pretendían, sobre todas las cosas, elevar los salarios y permitir que clubes extranjeros pudieran contratar a los atletas. En teoría, la idea era funcional. Pero la puesta en escena fue distinta. Los comisarios del deporte plantearon: «Las contrataciones responden a las estrategias definidas por las comisiones nacionales de cada deporte y no al interés personal de un determinado deportista». Es decir: las federaciones de cada deporte serían las intermediarias en las negociaciones y de ellas dependerían los contratos. La dictadura del sistema deportivo seguía en pie. Parte del capital de esas negociaciones iría a las arcas del Gobierno y no al bolsillo de los desvencijados atletas. La reforma tampoco incluía el regreso de los deportistas que antes de 2013 habían decidido abandonar el país, aunque tuvieran intenciones de representar a su selección nacional. A esos, el Gobierno siguió llamándoles «vendepatrias». Ramiro Domínguez, un directivo del Ministerio de deportes en ese entonces, dijo: «Pudiera suceder que entre nuestros jugadores y los que supuestamente se incorporarían, provenientes del exterior, surgiesen diferencias marcadas por la ideología que puedan tener unos y otros. Esas diferencias pueden atentar contra la armonía y el buen desempeño como equipo». Es por esta firmísima postura, por ejemplo, que futbolistas que militan en clubes de primera división en Centroamérica, en la MLS —Major League Soccer—, en segundas y terceras divisiones de ligas europeas y hasta en la Premier League de Inglaterra no pueden representar a la isla.

La sovietización del deporte cubano no termina en la conformación de los equipos nacionales. Las selecciones son más que conjuntos deportivos, son representantes ideológicos de un sistema, figurantes que una vez cruzan las fronteras de casa tienen que asumir un recio régimen disciplinario. Les retiran los pasaportes, les prohíben salir de los hoteles y en las noches les quitan sus teléfonos móviles. Una serie de medidas para impedir que los deportistas cubanos escapen de la delegación o pidan asilo político. La historia reciente del deporte cubano es también el relato de la migración cubana. Gente para la que un viaje es la puerta hacia otra vida.

Tenía que esconder en una memoria flash, antes de marcharme de la oficina, todas esas historias de la diáspora deportiva de Cuba. Allí cargaba con las notas a casa. Borraba además cada fichero generado por la caché de la computadora. Al informático de la Fílmica, que tenía su oficina en la planta baja, le habían encomendado la misión de revisar cada semana todas las computadoras del lugar para asegurarse que se utilizaban solamente para fines relacionados con el Ministerio del Interior. Cualquier anomalía detectada significaba una sanción para el implicado.

Presentía que en algún momento iba a fallar. Iba a dejar alguna huella o me iban a capturar *in fraganti*. No solo estaba violando las normas de aquel lugar, sino que, como empleado de una institución militar, estaba colaborando con un medio no estatal, financiado desde los Estados Unidos. Estaba jugando del bando enemigo.

Tuve que hacerme amigo del informático para preparar el terreno en caso de que me atrapara. No me costó trabajo. Me inventé que estaba haciendo una dieta y todos los días le regalaba el pan con picadillo y el refresco instantáneo que nos daban a media mañana como merienda. Con eso bastó.

Para mi sorpresa un día no coincidimos en el comedor. Después de esperar un tiempo prudencial, tomé el pan, el refresco y caminé hacia su oficina. Toqué la puerta. Desde adentro me gritaron «adelante». Entré: una sorpresa. El informático navegaba en internet. Le di la merienda y me quedé contemplando la escena con asombro. Nadie me había dicho que había internet en la Fílmica.

Me explicó que, para utilizar la única computadora que tenía internet, había que llenar un documento y registrar la hora en que te sentabas y la hora a la que te levantabas, los motivos por los cuales te habías sentado y las páginas que habías visitado. El hallazgo me hizo retornar a mi oficina con una idea: en nuestro departamento debíamos revisar también la prensa digital. Los tenientes coroneles asintieron. Me encargaron la misión.

Eso provocó que prácticamente me mudara de oficina. Fue mi primera interacción asidua con internet, aunque no podía acceder a las redes sociales porque estaban bloqueadas. Seguía regalándole la merienda al informático. Eso me dotaba de barra libre para navegar. Las páginas digitales de los medios de comunicación en Cuba son una réplica de la versión en papel, radial o televisiva. Es exactamente el mismo contenido. O sea, mi trabajo iba a ser nulo y podía escribir sin vigilancia.

Tras poco más de un año en la Fílmica, decidí cambiarme de departamento. Me enteré que, unas cuadras cerca de allí, había otra casona en El Vedado donde un grupo de oficiales del Ministerio del Interior se encargaban de hacer con la prensa internacional digital los mismos compendios que yo hacía a tijera de la prensa nacional. Mi idea era esperar el tiempo que me quedaba de servicio social de la mejor manera posible. Con mejor acceso a internet y sin la vigilancia del teniente coronel Alfredo, iba a estar mejor.

Ese cambio coincidió también con mi salida de *OnCuba*. Dejé de colaborar con la revista porque pagaban con tres y cuatro meses de retraso. Además, el perfil editorial dio un giro brusco con la llegada de un nuevo equipo de editores que lideraba Milena Recio, una exprofesora de la facultad de Periodismo. Esa decisión estuvo condicionada por el hecho de que Hugo Cancio se vio en la obligación de acreditar oficialmente al medio como prensa extranjera, lo que implicó subordinarse al Centro de Prensa Internacional (CPI), una macabra institución del Gobierno que tiene la potestad de decidir los medios extranjeros que pueden radicar en el país, cuestionar la agenda de estos y decidir cuáles periodistas pueden trabajar en esas redacciones. A Cancio, el Gobierno le dio a escoger: o te riges por el CPI o te expulsamos del país. *OnCuba*, sin ser del Estado, decidió convertirse en otro portavoz propagandístico.

A mi nuevo jefe le informaron de mi trabajo en paralelo al Ministerio del Interior. Se llamaba Renato. Me llamó a su oficina, donde tenía colgadas en la pared fotografías de Fidel Castro, Raúl Castro y Antonio Maceo. Solos, rodeados de esos cuadros, el hombre perdió los estribos. La supuesta conversación que quería tener conmigo fueron gritos de su parte. No me dejó hablar. Yo era un periodista independiente siendo a la vez miembro del Ministerio del Interior, justo la institución encargada de erradicar el periodismo más allá de los márgenes que establecía el Gobierno. Renato estaba tan molesto por tener un traidor dentro de sus filas que hasta me llamó negro de mierda con los ojos saliéndose del rostro. Llegó a preguntarme: «¿Qué hubiese sido de ti y de tu gente [nosotros, los negros] sin la Revolución?». Aproveché el clímax de su monólogo para pedirle mi baja del Ministerio del Interior sin alzar la voz.

Me faltaban unos meses para acabar mi servicio social. Pese a la osadía de la traición, no quisieron salir de mí. Todo lo contrario: quisieron vengarse.

Me enviaron a otro departamento. Esta vez mi encomienda sería barrer el patio de otra casona, que servía de almacén de víveres, y velar a una brigada de presos que traían desde una cárcel a trabajar en la albañilería de ese lugar.

La oficial que me informó sobre mi nueva situación tuvo la deferencia de llamar por teléfono a mi casa para advertirme: «Si no vas y barres todos los días el patio y si no estás pendiente de que la brigada de reclusos trabaje, no te irás nunca del Ministerio del Interior, de donde eres plantilla, por lo tanto, si no acatas la orden es una violación, lo que implica que podemos llevarte ante un fiscal militar para que juzgue tu comportamiento, que podría ser sancionado con la privación de tu libertad».

No tenía alternativa, estaba atado. Me encontraba a un paso de ir a prisión. Los meses que me quedaban de servicio social fui a esa casa a barrer y a cuidar delincuentes que me miraban como si yo fuese quien hubiese decretado sus condenas. La casona me quedaba a unos cinco kilómetros, que recorría a pie para alargar en mi cabeza el tiempo de llegar a ese suplicio. En el camino tenía que pasar por dentro de un cementerio, caminando entre tumbas, ángeles y flores marchitas.

Cuando se cumplió mi tiempo de servicio social, no me otorgaron la baja del Ministerio del Interior. Arrebatado de ira, decidí no ir más a ese lugar pese a las consecuencias. Caminaba por la calle pensando que en cualquier instante se detendría a mi lado una patrulla policial para cargarme y llevarme a juicio. Sonaba el teléfono de casa o el celular y automáticamente pensaba que eran ellos quienes llamaban para notificarme mi evasión y consecuente detención. Esa era su venganza: tenerme en ese estado de paranoia perpetua. El desquite lo terminaron de perfeccionar el propio día que me anunciaron que ya no pertenecía al Ministerio del Interior. Había pasado un año y siete meses desde la oficial expiración de mi servicio social. Ese día me regalaron mi nueva condición: regulado. Hasta 2021 por «tener acceso a información clasificada», dijo la oficial que me comunicó mi nuevo estatus. «¿Cuál información, la que recortaba de periódicos con una tijera?», le pregunté en la sede del Ministerio del Interior. «No tengo idea», respondió la señora.

Con toda esa rabia clavada en el pecho llegué al patio donde mis amigos habían acabado de construir la obra de sus vidas para largarse del infierno cubano. Ellos y yo queríamos dejar de padecer Cuba. Alguien puede pensar que las razones eran diferentes, pero no, en esencia eran la misma:

la ignominia del castrismo. Ellos porque día tras día tenían que ingeniárselas para llevar un plato de comida a la mesa, ya que sus míseros salarios de obreros no les alcanzaban. Yo porque quería ser periodista y eso me había enredado en una madeja de contratiempos que habían deteriorado mi salud mental. Ese día, después de ver el armatroste en el que podía escapar de mi penuria y decidir que prefería seguir padeciendo mis decisiones, me despedí de mis amigos como si fueran a una guerra.

Una semana más tarde nadie en el barrio tenía noticias de mis amigos. O se encontraban a la deriva en altamar, o habían pasado a engordar la lista de balseros cubanos muertos. La guardia costera de Estados Unidos había reportado que, durante las tres últimas décadas, interceptaron a más de setenta mil cubanos. Según Associated Press, uno de cada cuatro balseros que en esa época intentó escapar de Cuba falleció. Se estima que la cifra de muertos superó los dieciocho mil. Me deprimí. Si mis amigos estaban muertos, existió la posibilidad de haber sido yo otro cuerpo deshidratado, quemado o devorado por los tiburones.

El barrio no era el mismo sin las charlas vacías de la esquina, sin pasar por donde estaban después del trabajo y aceptar un par de traguitos de ron y entrar en discusiones acaloradas, entre chismes y deportes.

Una noche tocaron a mi puerta. Era la madre de uno de mis amigos. La señora fue a verme para avisar que su hijo le había llamado por teléfono. Estaban vivos.

Un camión los recogió al otro día de nuestra despedida. Los llevó hasta Bahía Honda, un poblado de la provincia Pinar del Río. Allí descargaron el armatroste y pasaron un día más en casa de un conocido. En la madrugada siguiente, cuando el pueblo dormía, se internaron en el mar. Todo iba saliendo como lo habían planeado, hasta que un temporal los azotó en cuanto el sol del primer día de viaje se escondió. El mar se tornó negro carbón. Las olas los sobrepasaban por metros, los zarandeaban de un lado a otro, los subía y los bajaba a una velocidad de infarto, como en una montaña rusa. No veían absolutamente nada. El sonido de los estrepitosos truenos los tenía aturdidos. Cuando un relámpago caía y alumbraba aquella oscuridad, podían verse abrazados unos con otros. Sus rostros eran los rostros de quienes están viviendo los últimos instantes de una tragedia, los rostros de muertos vivos. Pensaron que la barca no aguantaría, que quedarían a la deriva en altamar. Pensaron en sus familias, en el barrio, en el maldito día en que se les ocurrió aquella travesía, en la mala suerte de haber nacido en Cuba, en lo jodido de ser cubano, en Fidel Castro, en su régimen, pero sobrevivieron.

No saben con exactitud cuánto duro el suplicio. Permanecieron agarrados unos de otros, por un pie, por un brazo, por las costillas, por las cinturas; pidiéndole a Yemayá, diosa del mar en la religión yoruba, que terminara con aquel castigo. Poco a poco la lluvia fue cesando. El oleaje fue a menos. Sin levantar la cabeza, estuvieron varias horas en silencio. Puede que pasaran seis o siete horas abrazados, hasta que el cansancio los venció. El primero en despertar fue mi amigo más viejo, quien me contó la historia. Abrió los ojos y se desprendió del grupo. Habían perdido todos los suministros que cargaban: agua, comida, etc. Se puso de pie y la barca se viró de costado. Mi amigo perdió el equilibrio, cayó encima del resto. Todos se despertaron al instante con gritos, asustados. La embarcación había perdido dos cámaras de tractor y por eso estaba inclinada hacia un lado. Decidieron dividir el peso, cuatro del lado fuerte y uno solo quedó en la parte dañada. De pronto, vieron luces a lo lejos. No lo podían creer.

Lo habían logrado. Estuvieron al borde de la muerte y ahora tenían ante sus ojos el sueño añorado: la Florida.

«¡Pinga, cojones, lo logramos, somos unas bestias!», gritaron. Se dieron besos y nuevos abrazos. La madrugada comenzó a escurrirse, el sol fue subiendo. Decidieron comenzar a remar con sus propios brazos hacia unos edificios hermosos, nuevos, tan diferentes a los cubanos, que veían enclavados en la tierra. Aquellas edificaciones, que se elevaban entre cocoteros y una gran vegetación, eran como las imaginaban: lujosas, modernas, todo lo opuesto a lo añejo del Malecón de La Habana. El mar era un plato llano y ya no quedaba rastro de oscuridad.

Pero había varios jeeps sobre la arena, idénticos a los soviéticos que usan los militares en Cuba, los UAZ. A bordo, los hombres vestían uniformes verdes. No le dieron mucha importancia al asunto. Comenzaron a gritar, a hacerles gestos con las manos a los hombres uniformados. Minutos después vieron a una lancha salir de la costa y dirigirse hacia ellos. La alegría llegó a su fin cuando leyeron un cartel en la lancha: Guardafronteras. Mis amigos habían llegado a Varadero, la playa estrella del turismo en la isla. Un sitio que la mayoría de los cubanos solo pueden visitar reuniendo dinero entre treinta o cuarenta para rellenar y pagar un bus que los deposite a la ida en la arena —debajo del sol, sin tumbonas, con sus alimentos en potes, con refrigerios descongelándose— y los recoja a la vuelta sin ni siquiera ducharse, mientras los extranjeros disfrutan de los hoteles del polo turístico con sus manillas *all inclusive*.

En Varadero, Matanzas, los detuvieron y los llevaron a un calabozo. Pasaron ahí tres semanas respondiendo preguntas en interrogatorios diarios. Los acusaban de salir ilegalmente del país, un cargo que no es punitivo en Cuba, pero que siempre está ligado al tráfico de personas.

La madre de mi amigo había ido a mi casa con la intención de convencerme de hablar con mi padre, que al ser militar podría interceder por ellos. No hizo falta. La policía se percató que mis amigos lo único que querían era largarse de la isla a como diese lugar. A las tres semanas los pusieron en libertad. Días después, volvieron a la carga. El mismo amigo de Miami que les aconsejó construir la embarcación con cámaras de gomas de tractor les prestó dinero para comprar unos boletos a Ecuador, que por esa fecha no pedía visa a los cubanos. Hacia allá volaron. Luego pasaron casi dos meses de travesía por toda la selva centroamericana en manos de coyotes hasta que llegaron a México. De ahí cruzaron a Estados Unidos, antes que Barack Obama derogara la «Ley pies secos, pies mojados», que hasta enero de 2017 permitió la entrada de cubanos por cualquier frontera estadounidense.

Yo, por mi parte, seguí encerrado en la isla unos años más.

V

Será imposible que entres a un mercado o a una tienda, me dijeron en Cuba, y que no te lances de clavado a comer todo lo que nunca comiste en tu vida, a ponerte encima todos los trapos que nunca llevaste. Sin embargo, me sucede todo lo contrario. Estoy tan en shock que bajo de peso y sigo con la misma ropa vieja.

Mi reacción al ver toda esta cantidad de productos es contraria a lo que me presagiaron. Les huyo a las tiendas, a los mercados, al lugar donde vendan algo. Les huyo porque les tengo miedo, me atemorizan demasiado. Al punto que debo comprarme ropa de invierno de verdad, pero no tengo el valor para hacerlo. Caminar por fuera de las tiendas y mirarlas de reojo es a lo que más me atrevo.

Todo este tormento me tiene sin apetito. Llega la noche y ni siquiera me percato que durante todo el día no ingerí alimentos. Por eso, quizás, el dolor de cabeza y las náuseas no se me quitan. Aunque estoy seguro de que ese malestar no es solo por no comer, sino por estar procesando todo lo que mis ojos están viendo, todo lo que mi cuerpo está experimentando. Mis ojos no descansan, lo miran todo, cada detalle. Voy por la calle y escucho montones de idiomas que no reconozco. Observo cada bar, cada cafetería, cada restaurante, cada tienda, los letreros enormes a colores de los anuncios publicitarios que parpadean, cada negocio, cada edificio, cada persona, cada persona y su ropa tan distinta a la mía, lo que beben, lo que comen. Estar tan pendiente de tanta información me tiene embelesado. Mis ojos, que vienen de una realidad gris y monolítica, una realidad donde no hay variedad, están sobrecargados.

Unos amigos cineastas cubanos, que están terminando la posproducción de una película acá en Barcelona, me han invitado a un restaurante libanés. Llego el último. Están ya sentados en una mesa. Han pedido. Uno de los amigos, desde la distancia, le hace una seña al dependiente para que me traiga la carta. Comienzo a leer los nombres de unos platos desconocidos. No sé qué decidir. Busco si hay algún plato ya servido. Pero en la mesa solo hay cervezas, sodas, agua. Le pido al camarero un whisky con hielo para ganar tiempo. Todos mis amigos me miran con rareza. Quiero una bebida fuerte que me remueva el cuerpo. Me siento débil. Quiero saber si, sacudiéndome, puedo espabilarme. Sucede todo lo contrario. Beso el trago y la piel se me eriza. Una suave cosquilla comienza a caminarme el cuerpo, los pies, el torso, las manos, el cuello. Me desvanezco. Todo se apaga.

Mis amigos me miran. Tienen rostros que denotan preocupación. Los veo borrosos. Qué pasa, pregunto. Me cuentan que estuve mirando durante unos largos segundos una pared decorada con proverbios árabes. En ese lapso de tiempo vino el mesero para tomar mi pedido y tuvo que retirarse porque no lo atendí. Ahora que los escucho, entiendo. He regresado. Tengo un flashazo fugaz: recuerdo haber visto todo a mi alrededor como una pantalla en negro. No sé cuánto duró ese apagón de mi cuerpo. Busco la pared de los proverbios árabes. Hablan del renacer.

*

Días después, un escritor cubano me invita a su casa. «Bájate en la estación Joanic —dice el mensaje del escritor—, y de ahí caminas dos cuadras rectas y llegas a mi casa». Será mi primer viaje en metro, así que busco la estación más cercana y me quedo en la puerta de entrada a la espera de que aparezca algún desconocido al que poder imitar. Llegan dos señoras. Las sigo a una distancia prudencial hasta los tornos. Veo que pasan unas tarjetas, se abren unas pequeñas puertas y entran. ¿Dónde se buscan esas tarjetas? Veo a un hombre vestido de traje y corbata que se dirige hacia unas máquinas que están a mi espalda, trastea en los botones durante unos segundos y espera a que, precedido por un sonido mecánico, la maquina le escupa una tarjeta. Le imito, con algo de torpeza, pero logro transformar en un boleto la veintena de monedas que he liberado de mi bolsillo.

Intento varias veces introducir el boleto en los tornos. Empiezo a sudar. La gente pasa por mi costado y cruza esta frontera sin problemas. Plantan sus tarjetas a una velocidad increíble. Es un mecanismo que sus cuerpos tienen instalado. Me siento ridículo en este papel de espectador. Me asalta una punzada en el pecho. Viene en camino un ataque de ansiedad. Este golpe seco siempre es mi primer síntoma. Respiro hondo, cierro los ojos.

La mayoría de las personas no me mira. Avanzan como flechas hacia su destino con la mirada perdida. Solo atinan a atender sus teléfonos. Me siento el hombre invisible. Miro a la gente pidiendo ayuda con mis ojos. Todos sabemos detectar cuándo una mirada está pidiendo auxilio, socorro. Los que se percatan quitan la vista bruscamente. Huyen de mis ojos. No sé por qué lo hacen.

Doy un paso al costado para estudiar con más calma el escenario. Enseguida detecto el error: las tarjetas se deben introducir por el frente y lo estaba haciendo por encima, que es por donde salen. Me da una alegría tremenda descubrir la equivocación. Voy a la carga de nuevo. La abertura de la entradilla succiona mi tarjeta a una velocidad tan grande que me asusto. Grito. Retiro mis dedos como si un perro me hubiese lanzado una mordida. La gente ahora sí que me mira. No hay nada que me ponga más nervioso que ser diana de miradas. Me congelo, no camino. Suena un pitido después de unos segundos. La puerta se cierra. Sigo sin cruzarla.

Introduzco la tarjeta de nuevo y escucho el mismo pitido. Repito la acción, con más fuerza. Una mano me toca el hombro. Me volteo. Encuentro a una mujer con uniforme, es trabajadora de la estación. Le explico lo que me sucede. La mujer se retira sin decirme una palabra. Entra a una cabina, sale y me abre la entradilla finalmente con una tarjeta suya. «Muchas gracias», le digo, cuando me da la espalda por segunda vez sin hablar.

Dentro de la estación busco un mapa para estudiar el recorrido. Bajo las escalerillas mecánicas con el corazón dando brinquitos. En el andén me surge una duda: ¿estoy realmente del lado correcto? Llega el metro. Es una larga serpiente metálica con una cabeza aerodinámica con forma de nave espacial. No tiene locomotora. Me atrevo a tocar a un hombre para preguntarle si estoy en el andén correcto para ir a casa del escritor. El hombre me dice que no mientras entra al metro, que cierra sus puertas y se larga. El desconcierto vuelve a apoderarse de mí. Camino de vuelta hacia las escaleras mecánicas. Cruzo al andén de enfrente. En el mapa que está en la pared no encuentro la estación Joanic. El pecho se me agita más. Comienzo a perder el aire. Decido entonces darme por vencido. Salgo a la calle.

Regreso al apartamento del argentino. No prendo las luces. Las cortinas están corridas y por la ventana entra la luz de un poste de electricidad de la calle. Me siento en la mesa. Estoy tieso. Varias figuras de sombra bailan alrededor de mi cuerpo en la penumbra. Las contemplo con rabia. Miro el búcaro de adorno que está encima de la mesa con ganas de lanzarlo contra la pared. Corro la cortina y ahí está, en su balcón, la mujer del edificio de enfrente. Le habla a un teléfono. Hace gestos con las manos, está contenta. La miro un rato. Su pantomima me relaja. Decido que aún es pronto para ir a casa del escritor.

Un taxi, me digo.

Estoy en casa de mi amigo hasta la medianoche. El alcohol me relaja el cuerpo y al regresar al apartamento voy riéndome de todos los infortunios del día. Estoy tan relajado que quiero caminar un rato. Utilizo, incluso, Google Maps. Ocurre algo extraño: el muñequito en el mapa se mueve en sentido opuesto a mis pasos. Camino hacia la izquierda y el avatar gira hacia la derecha. Camino a la derecha y el muñeco gira a la izquierda. No hay manera de emparejar el mapa a mi rumbo. Estoy duplicado en sentido contrario. Desesperado, molesto, grito al aire una obscenidad muy cubana. Un hombre y una mujer que pasaban por mi lado se detienen. «¿Cubano?», preguntan. «Estoy perdido», les respondo. Me acompañan unas cuadras mientras me cuentan que hace más de diez años que no viajan a Cuba. Nos despedimos. Siento frío. Miro el teléfono para buscar la temperatura: tres grados. Cuando vuelvo a caminar, las luces de un cartel lumínico me encandilan la vista. Leo: «Vida nova». Es la publicidad de un vino.

*

El amigo escritor me ha sugerido que visite unas librerías. «Vas a flipar», dijo. Y yo me quedé atrapado en el verbo «flipar» y no en las razones por las cuales «fliparía» con las librerías. Es increíble cómo, de manera inevitable, los migrantes son seres que se ven obligados a mutar. Su jerga, su físico, su ideología, su relación con el mundo cambia. Mutan porque es la única forma de sobrevivir a la expatriación. Aterrizar en un territorio lejano o desconocido provoca que, pasado el tiempo, una porción de esa tierra se incruste en las uñas y se quede alojada allí para siempre. No se olvida nunca la tierra de donde se viene, pero la conciencia muta para asimilar y moldear los cambios ineludibles. Muchas veces esa mutación ocurre sin que seamos conscientes. El cuerpo por un lado y la razón por el otro. El escritor utiliza el verbo «flipar» treinta años después de haberse ido de Cuba. En su boca «flipar» no suena raro, ya es otro cuerpo, ya es una mutación. Es hermoso y es triste a la vez. Es hermoso porque confirma que renacer es posible, aunque se produzca de manera forzosa. Es triste porque para que el escritor ponga en sus labios el verbo «flipar» tiene que enterrar, sin percatarse, un verbo originario. ¿«Fliparé» yo?

Busco en Google la librería que me queda más cerca. Salgo a la calle con la conciencia de estar pendiente de los semáforos peatonales. Búscalos siempre, búscalos siempre, me repito mientras camino deslumbrado por la gente. No se esfuma esa sensación de estar presenciando un desfile de moda.

Una ciclista pasa por mi costado y casi me atropella. Su velocidad provoca que reciba un golpe de aire. Quiero mandarla a la mierda, pero no lo hago. Varias personas ven la escena. Me miran. Los miro. Busco en ellos la complicidad de la víctima. Pienso: «Ustedes lo vieron, esta mujer por poco me mata». Sin embargo, las personas me miran con cara de ser yo el culpable. No tengo idea por qué. Tímidamente sigo mi camino.

Ahora de frente viene una manada de ciclistas. Van uno detrás del otro. Miro al piso: una señalización. Es un carril para ciclos. No sabía que existían. Por este mismo carril es por el que debe transitar también esa gente que anda trepada en carriolas eléctricas, eso a lo que le llaman patinete. Y los que van en esas ruedas mecánicas que avanzan solas, sin timón.

Cruzo una avenida diciéndome: mira al semáforo peatonal, cerciórate de no caminar por el carril bici, avanza recto hacia la otra acera y no te detengas aunque venga alguien de frente en la masa contraria que cruza la calle. Cumplir el *challenge* con sobresaliente me sorprende y me vengo arriba: quiero cruzar otra avenida para volver a sentir el placer de hacer algo bien. Me doy cuenta que sonrío porque dos chicas, que vienen hacia mí sosteniendo unos barquillos de helado, tienen la amabilidad de contármelo.

Mientras camino, descubro que hay puertas de cristal de establecimientos que se abren solas. Parece que estar cerca de ellas activa algún dispositivo. Esto es el colmo, me digo. No tengo náuseas, el cuerpo está perfecto, no tengo síntomas de ansiedad ni de pánico. Voy a abrir puertas entonces. Camino pegado a ellas y las veo abrirse como conchas de mar. Me da placer el juego. Avanzo abriendo puertas. Las de las farmacias, las de los mercados, las de las tiendas, las de las cafeterías, las de los restaurantes. Esas puertas abiertas son mi avance en este mundo. Aún no tengo el valor de entrar, pero estoy a un paso.

Entro a la librería La Central del barrio El Raval. La puerta se abre sola. Salones llenos de estantes, del piso al techo, atestados de libros organizados por temas, por géneros literarios. Me paralizo. El cuerpo no me responde. La maldita punzada en el pecho ya está aquí. Se me acalambran los hombros. Pierdo el control de mi cuerpo.

Busco el baño para pelear contra la ansiedad. Intento inyectarme calma. Me miro al espejo: sudo sin cesar, cara de pánico.

Me dirijo al salón de narrativa. En el camino tropiezo con una mesa. Caen al piso tres libros. Nadie ha visto mi torpeza. No puedo saber qué libros tumbé. Miro sus portadas y las letras parecieran que saltan una comba. Tengo la vista nublada. Logro leer los nombres de algunos autores, entre ellos el de Reinaldo Arenas. Que esté Arenas aquí acompañándome es un alivio ¿Lo vi realmente o fue una invención? Pensar que puedo estar viendo visiones me descoloca. Me alejo del estante para buscarlo desde la distancia. Escaneo poco a poco, de abajo hacia arriba, nivel por nivel, pero no lo vuelvo a ver. ¿Y si este estante me cae encima? Con el pecho sobresaltado salgo de la librería. Me siento en el banco de madera de un parque. Cerca de mis pies, un grupo de palomas destrozan un pedazo de pan viejo.

*

De noche, salgo con un amigo a tomar unas cervezas. De regreso a casa, siento unas incontrolables ganas de mear. El metro está vacío, casi es medianoche. En mi vagón hay cuatro personas y un guardia en uniforme. Me arrincono en el asiento. Miro de reojo al guardia. El hombre no mueve la cara, no hace un gesto, mira fijo algún punto que está en el vagón anterior donde va un grupo de jóvenes. Los jóvenes ponen música en un celular y cantan a la vez. Tararean a C. Tangana. Intento que mi vista no busque al guardia. Mis pies, los pies de las personas que van en mi vagón, la oscuridad del túnel por la ventana, el guardia que pasa su mirada por donde estoy. Coincidimos las miradas y eso me aterra. No tengo idea por qué estoy atemorizado. Temo que me pida mi documentación o cualquier otra cosa. Envidio al resto de los que van aquí y están orondos oyendo música, conversando, mirando la nada. Todos relajados, menos yo que no puedo sacarme de encima esta tensión por la presencia de este guardia. Saco mi teléfono móvil para entretenerme en algo y me doy cuenta que está sin carga. El guardia se baja cuando me queda aún la mitad del trayecto.

Un latigazo eléctrico en la pelvis me dobla. Me paro para contener mejor las ganas de orinar. Camino de un lado hacia otro en el vagón. Las cuatro personas que me acompañan me observan con extrañeza. Una parada antes de mi destino, no puedo aguantar más y un chorro de orine se me sale. Busco la mirada de los acompañantes de vagón y por suerte uno solo de ellos me mira. Sostenerle la vista me pone nervioso. Decido bajarme en esa estación. Por mis pies baja un hilo de orine que se pliega al pantalón.

Salgo del metro y el cuerpo se me relaja. Sin darle la orden, comienza a vaciar mi vejiga como si estuviera en el baño del argentino. Subo las escaleras mecánicas delante de un grupo de personas. Los tengo a mi espalda. No sé si se preguntan por qué camino y orino a la vez. Fuera de la estación hay un frío seco. Mis pies están húmedos, no tengo carga en el teléfono y no sé dónde carajo estoy. No hay una sola estrella en el cielo. Quiero llorar. Nunca antes me sentí tan desamparado, tan perdido, tan indefenso. Mis pies están mojados, siento que se congelan. No veo a nadie en la calle. Los que venían detrás de mí se han desaparecido en la noche. Me dio vergüenza preguntarles dónde estoy. Camino hacia ninguna parte con los pies abiertos para que mis muslos mojados no rocen entre ellos. Me cruzo con una mujer que me ignora. Debe haber sentido temor al ver que un hombre se le acercaba para hablarle en medio de la noche. Camino unas diez cuadras sin rumbo. Ahora daría la vida por tener al dichoso Google Maps conmigo. Encuentro un taxi que deambula. Llego al apartamento del argentino y, sin quitarme la ropa, me acuesto en el piso a mirar el techo.

VI

A mediados de 2014, Carlos Manuel Álvarez me pidió que lo acompañara al balcón de *OnCuba*. Desde allí veíamos el Malecón de La Habana, las azoteas del barrio de El Vedado, el movimiento de autos antiguos, vendedores ambulantes en tamaño miniatura. Estábamos en un noveno piso. A ráfagas, el viento nos daba palmadas en el rostro. Apoyamos nuestros codos en la baranda y, con la mirada hacia el mar, comenzamos a conversar.

Quemábamos el tiempo porque ninguno de los dos tenía ordenador para trabajar en ese momento. Estaban ocupados. En la redacción de la revista solo los editores disponían de computadoras asignadas. El resto teníamos que compartirlas. A veces, las filas de espera para sentarse podían ser de una hora. Pasábamos bastante tiempo en *OnCuba*, aunque no fuéramos plantilla fija. Era la manera de hacer piña, de mantener unido el grupo de amigos de la universidad. Por suerte todos colaborábamos allí.

Más de una vez, entre cervezas, soñamos en alta voz con apoderarnos de ese espacio. Propinarle un golpe de estado a Hugo Cancio. Queríamos aprovechar todos sus recursos —una saleta inmensa con varias habitaciones y un balcón con vista al mar, computadoras con conexión a internet, dinero, gente a su disposición— para construir un medio de comunicación a nuestro antojo. Algo que tuviera nuestro sello.

Esa ilusión la construíamos desde el deseo. No había ninguna posibilidad real de que nosotros, unos chiquillos que acababan de abandonar las aulas de la universidad con los bolsillos vacíos, llegáramos a tener algo así. Era un juego parecido a mis narraciones deportivas de niño. Todos aportábamos alguna idea e íbamos creando ese lugar, pretensión a pretensión, desde lo colectivo. Hasta que el personaje tenía cuerpo. Luego imaginábamos cómo sería su vida. Había consenso en que el primer mandamiento sería abandonar la caza de noticias. Mutar hacia servicios forenses: investigar, identificar, analizar, reconstruir, mostrar. Pero, sobre todo, narrar. Narrar como premisa. Narrar como distinción. Narrar como bandera y escudo. Narrar de manera particular. Queríamos exterminar las notas informativas. Nos parecía intrascendente informar sin profundidad. Las historias de este país se están muriendo porque nadie las cuenta, nos decíamos. El segundo mandamiento era la receta para el primero: la crónica. No había un texto que saliera en las revistas narrativas latinoamericanas de referencia de ese momento —*Malpensante, Gatopardo, Etiqueta Negra, SoHo, Anfibia*— que no leyéramos, comentásemos y quisiéramos imitar. Teníamos clarísimo que lo que necesitaba el enrevesado contexto cubano era el rigor de textos de largo aliento que intentara desentrañarlo. Textos que mezclaran la reportería, el ensayo, la interpretación. El sueño acababa cuando cada uno de nosotros ponía la cabeza en su almohada y recordaba su realidad particular: en cumplimiento del servicio social, Carla Colomé trabajaba en *Tablas*, una revista estatal especializada en el teatro cubano; Jorge Carrasco en la web de Radio Reloj, una emisora cuyo mérito era brindar la hora a sus oyentes en tiempo real; Maykel González en la web del periódico *Granma*, el órgano oficial del Partido Comunista; Carlos Manuel Álvarez en una oficina de comunicación del Ministerio de Cultura, y yo en el Ministerio del Interior.

OnCuba fue el sitio donde primero pudimos expresarnos. Pero, con su metamorfosis, le sobrábamos. Nuestros textos eran críticos con la realidad cubana. Una actitud que ya no le servía al empresario Hugo Cancio para mantener su oficina en La Habana. Comenzaron a producirse encontronazos con los nuevos editores. A mí, por ejemplo, me indicaron que, si quería seguir publicando, tendría que prestarle más atención a lo que sucedía deportivamente dentro de Cuba que a lo de afuera. «¿Por qué?», pregunté. «Queremos priorizar a los que siguen aquí, que son los importantes», me respondieron. La justificación con tufo gubernamental me hizo ponerle fin a mis colaboraciones.

Dejé *OnCuba* unas semanas después de la conversación con Carlos Manuel en el balcón. Él acababa de regresar de Colombia. Había ido a participar en un taller de periodismo de la Fundación Gabo. Fue su primer viaje fuera del país. Junto a otro amigo suyo que manejó el auto de su padre, lo acompañé de madrugada al aeropuerto.

A su vuelta, Carlos Manuel regresó infestado con un virus que le inocularon en la Fundación Gabo: no existe buen tiempo ni condiciones idóneas para la práctica del periodismo. Su contagio se produjo al escuchar los testimonios de colegas latinoamericanos en contextos igual de adversos o, incluso, peores, que se aferraban a la profesión como custodios de la verdad en sus territorios. La ebullición de la región estaba provocando la gestación de una nueva generación de emprendimientos periodísticos independientes. Medios de comunicación con una mirada distinta a la de la prensa tradicional. A estos nuevos medios no les bastaba con contar el día a día desde la fría distancia de quien escribe sin embarrarse.

Había que juzgar y fiscalizar al poder, con elegancia hincarles los dientes en la piel, abandonar la diplomacia, y, para ello, acabar de enterrar esa falaz idea de que la objetividad es la principal premisa del periodismo. La objetividad a la basura. Velar por el cumplimiento y la protección de los derechos humanos. Ese enfoque, que tan bien estaban desarrollando medios como Agência Pública en Brasil, *Efecto Cocuyo* en Venezuela, Periodistas de a Pie en México, podíamos realizarlo en Cuba. Esa fue la idea que me transmitió Carlos Manuel en el balcón de *OnCuba*. El tema era dónde.

Hay una máxima que no falla: si un contexto destaca por su dificultad para ser narrado, en ese lugar es una urgencia el periodismo. La ecuación se cumplía a la perfección. El silencio era una manta que tapaba a todo el país. Debajo había casi seis décadas de historia en estado de putrefacción. Un país con una gran crisis de identidad. Durante todo ese tiempo, unas pocas iniciativas emprendidas por periodistas —la inexacta historiografía habla de menos de diez— lograron rebelarse contra el *statu quo* desde dentro de la isla. Las más destacadas ocurrieron en los noventa, cuando Cuba vivía empantanada en la resaca que dejó el derrumbe de la Unión Soviética. Cuba Press, una agencia de noticias con seis máquinas de escribir que radicó en casa del poeta Raúl Rivero. Y Habana Press, otra agencia dirigida por Joaquín Torres, que informaba dictando sus artículos por teléfono a Cubanet y Radio Martí, medios del exilio.

Sin prensa libre, la memoria histórica del país quedaba a merced del poder. Habitar ese territorio, siendo periodistas, nos volvía unos zombis con conciencia. No dejaba de pensar en una idea: en el futuro, cuando cualquiera se preguntara cómo era Cuba durante estos años, cuando fuese a buscar la prensa de la época para encontrar esa respuesta, lo que iba a encontrar es el relato de una nación inexistente. Nuestro compromiso era devolverle la realidad al país, traérsela de vuelta. Colocarle un espejo delante para que Cuba supiera, de verdad, quién carajo era. ¿Habíamos estudiado cinco años una carrera universitaria solo para colgar el título en un cuadro en la pared? ¿Para qué las lecturas? ¿Dónde depositábamos la rebeldía, las ansias de cambiar el orden establecido? ¿Íbamos a dejar morir nuestras ilusiones? No teníamos casa y decidimos construirnos una. Queríamos ser una reacción biológica a los agentes patógenos del sistema político.

La llegada de internet a Cuba en 2015 nos empujó a la aventura. Sin ese suceso, que terminó reconfigurando la fisionomía de la nación, hubiese sido imposible. El Gobierno instaló en treinta y tres plazas públicas del país unas antenas wifi con conexión. En esos parques una hora de internet equivalía a dos dólares. Así los cubanos pudieron conectarse por primera vez en sus vidas en las calles, aunque su elevado costo suponía que se valorara entre navegar en internet o vestirse o comer. Antes, solo se podía entrar a la red en hoteles —pagando tarifas aún más caras— y en centros laborales, como la Fílmica, que contaban con el servicio.

En Cuba, la constitución de la república declara que el Partido Comunista, única organización política admitida por ley, es el rector absoluto de todas las emisoras de radio, todos los periódicos, todos los canales de televisión, todas las revistas. A su vez, las leyes impiden ejercer el periodismo fuera de ese ámbito. Crear una revista independiente era declararle la guerra al Gobierno.

Había que apretar los dientes. Queríamos montar una revista y no teníamos ni oficina ni dinero ni conexión a internet asegurada ni una idea tan clara de lo que implicaba crear un medio de prensa. Pero teníamos las ganas y la fuerza, que era lo más importante. Si no teníamos oficina, pues nuestra oficina sería cada parque, cada una de las treinta y tres plazas públicas que a lo largo de todo el país portaban una antena wifi con conexión a internet. Si no teníamos dinero, pues trabajaríamos gratis hasta encontrar algún fondo fuera de Cuba que nos financiara. Si el internet de los parques y las plazas no nos servía para subir a la web fotos, videos, textos, pues le pediríamos el favor a cualquier amigo que tuviera un puesto de trabajo con una conexión decente o algún amigo que estuviese fuera de la isla. Vamos a pasar todo este trabajo, nos dijimos, porque lo más importante son las historias y las historias están ahí, esperando que alguien vaya tras ellas. Lo único que tenemos que hacer es salir, encontrarlas y narrarlas bien.

La primera reunión tuvo lugar en casa de Rafael Escalona, a dos cuadras de *OnCuba*. Estar ahí, tan cerca, tramando un medio de comunicación, era una especie de venganza. Nos sentamos en el suelo, las ventanas estaban abiertas, escuchando el susurro que llegaba desde otros apartamentos. El edificio era una especie de pequeño condominio que tenía un pasillo interior que comunicaba varios bloques de viviendas. La de Rafael estaba en los bajos y al fondo.

Lo único que podíamos garantizarnos eran nuestras ganas de salir a la calle a pescar historias con una grabadora. ¿Qué y cómo íbamos a contar? Declaramos como regla inviolable no militar en el castrismo ni en el anticastrismo. Nuestra única militancia será el rigor de la reportería y el cuidado de la escritura, dijimos. Identificar por dónde los medios, de un bando y de otro, no quieren pasar la escoba será una guía. No hay que huir de los temas clichés, aclaramos, hay que deconstruirlos. Démosle voz a la gente que lleva décadas silenciada. ¿Con qué frecuencia vamos a publicar? Lo ideal es tener cada semana una crónica de largo aliento, pensamos.

De manera que, si cada cual trabaja, como mínimo, un mes en su texto, podemos establecer una rotación que garantice ese ritmo. ¿Solo crónicas? Carlos Manuel se comprometió en convencer a dos conocidos suyos para que fuesen columnistas: Juan Orlando Pérez, un profesor de Periodismo en la Universidad de Roehampton, en Londres, que habían expulsado del periódico *Tribuna de La Habana* por escribir un artículo en el que criticó una campaña de recaudación del Gobierno para costear la impresión de manuales con textos de José Martí; e Iván de la Nuez, un crítico de arte radicado en Barcelona. A mí se me ocurrió una sección que llamaríamos «Las píldoras»: un personaje «común», un retrato, su historia contada en primera persona de forma sintética. Un fogonazo de sensibilidad. Por último, surgió la idea de contar historias solo con imágenes. Sería lindo, comentamos, que las crónicas también fueran visuales. ¿Cuál sería el nombre de la revista? Ninguno de los presentes tenía una propuesta que convenciera. La mía era *El escape*. Demasiado evidente, pretencioso y sin alcurnia. Decidimos hacer una votación que terminó con empate. Cada uno votó por su propuesta. Fuimos a una segunda ronda creativa y en lo que cada uno pensaba nuevos nombres o defendía el anterior, escuchamos la voz de un vendedor ambulante cerca de la ventana. El hombre, sin que lo viéramos, desde el pasillo pregonaba. «Vengan, bajen, salgan, aquí les tengo limón y miel de abejas para el catarro, para que no se resfríen, para que tengan calorcito, para que no estornuden». Estornudar, eso. Soltarse, liberarse, rebelarse, reaccionar, actuar. El pregón de aquel hombre, al que nunca vimos, nos propuso un concepto, la manera para encarar el país. Eso queríamos ser: una reacción inevitable. Un estornudo.

Los meses siguientes los dedicamos a la parte técnica. Esas gestiones las pagamos con la amistad como moneda, el único capital de inversión con el que contábamos. Mayle González, editora de la primera etapa de *OnCuba*, se había ido a Miami. Entre ella y un programador cubano que vivía en México, cercano al grupo de amigos, armaron el diseño de la página web. Una *interface* básica, sin mucho vuelo, que priorizaba la lectura. La identidad visual de la revista —el logo, los báners— la desarrolló Kalia Venereo, la cuñada del amigo de Carlos Manuel que nos llevó en el auto de su padre al aeropuerto. Kalia se acababa de graduar de Diseño gráfico en la universidad. *El Estornudo* no estuvo listo hasta el 14 de marzo de 2016. Ese día, cuando levantamos el telón en la web, nos percatamos de una coincidencia: en New York, ese mismo día, pero ciento veinte y cuatro años antes, José Martí, apóstol nacional, fundó, con el propósito aportar a la lucha por la independencia de Cuba —de España—, el periódico *Patria*.

El primer texto que publicamos fue una declaración de principios. Arrancamos diciendo: «El periodista es un atleta y el periodismo una carrera de fondo. Convencidos de que las oficinas y los mandamientos derivan en artrosis, hemos decidido colocarnos en la línea de arrancada y fundar de manera independiente una revista online de crónicas sobre Cuba». En otro fragmento se lee: «Hemos decidido no desestimar ningún tema y centrarnos, al menos por ahora, en un género: la crónica. Ello implica hurgar en las virtudes y pecados de una sociedad: atrapar el tiempo común de la gente común y contrastarlo con el reloj del poder para ir armando relatos periodísticos que serán entonces modestas piezas en el puzle de esta época».

La revista nació en el mejor momento posible. No solo por el hecho de que los cubanos pudieran conectarse a internet, sino porque los gobiernos de Cuba y Estados Unidos habían puesto fin a décadas de guerra fría con el restablecimiento de las relaciones diplomáticas. La noticia puso los ojos de los grandes medios internacionales en la isla. El relato Cuba se volvió *trending*. El contexto favoreció nuestro trabajo: los medios extranjeros quisieron tener el color narrativo de nuestras historias en sus páginas. La BBC, Al Jazeera, *Vice*, Univisión, Internationale, entre otros, nos comenzaron a pagar por republicar nuestro contenido. Ese dinero, que nos entraba esporádicamente y que no nos alcanzaba ni para tener un salario fijo mensual, fue nuestro único ingreso durante los primeros dos años. Luego, la revista accedió a fondos internacionales que apoyan la prensa independiente.

El Estornudo cambió mi rutina. Me mudé a un parque que quedaba cerca de mi casa: una manzana completa, con árboles, con bancos de metal, con una fuente de agua en el medio y con una iglesia en uno de sus costados. Cuando no estaba reporteando en la calle, estaba en el parque. Cuando no escribía en casa, estaba en el parque. Era mi puesto de trabajo. Iba de día, de noche, de madrugada. Era la única manera de poder estar en contacto con el resto del equipo y de estar al tanto de lo que pasaba fuera de La Habana.

Abría los ojos, me aseaba y, con cara de sueño, salía y caminaba las tres cuadras de distancia entre mi casa y el parque. En mi cabeza tenía una oficina en mi propia casa y salía de la habitación al estudio. Me sentaba bajo la sombra de un árbol frondoso, en los bancos o en el piso o en las raíces que rompían la tierra y escapaban del subsuelo. Lo malo de ese pedazo de acera era que, a veces, estaba manchada por unas bolitas que caían del árbol, unos fruticos carmelitas que no se comían, y ensuciaban el piso. Mejor eso que cambiarme de sitio y sudar bajo el sol o el resplandor. A veces me quedaba trabajando de pie, en short y chancleta.

En el parque no estaba solo. Siempre me acompañaban los *dealer* de internet. Para conectarse había que comprar unas tarjetas que solo vendían en oficinas postales o en los puestos de periódicos y revistas a los que se les llama estanquillos. En los parques había escuadrones de jóvenes que compraban las tarjetas, se conectaban a la red y luego ramificaban la conexión desde sus dispositivos con distintas aplicaciones o a través de bluetooth. Alquilar ese servicio ilegal costaba un dólar, la mitad de lo que costaba la hora de internet. Los *dealer* merodeaban los parques vendiendo su producto en voz baja como si estuviesen traficando drogas. El Gobierno los perseguía. Eran la ayuda de mucha gente para hablar con sus familias emigradas y de muchos de nosotros, los periodistas independientes, que tampoco teníamos cómo pagar tantas horas de conexión.

Me hice amigo de los *dealers* de mi parque. Era imposible no serlo, tanto ellos como yo nos pasábamos los días en ese lugar. Nos encontrábamos a las horas más improbables: once de la noche, cuatro de la madrugada, etc. Ese parque al aire libre era una especie de *coworking*. Muchas veces dejaron que me conectara gratis para ayudarme. Tenían una duda que los desbordaba: por qué, si yo decía que era periodista, nadie me conocía. «Así es la vida», les respondía.

Los días de lluvia corría hacia algún portal de edificio que estuviese cerca de las antenas wifi, para desde allí seguir trabajando. Cuando había que subir algún video o foto que pesaba demasiado, a la única hora que podía hacerlo era pasadas las once de la noche o preferiblemente de madrugada. En ese momento el parque estaba casi vacío. La conexión iba más veloz. A las horas picos, a media mañana, a la tarde, a la tarde noche, a las primeras horas de la noche, el parque se atestaba de gente. La red colapsaba.

Me encantaba estar de noche sentado en la fuente de agua —vacía—, en el centro del parque, observando los cientos de personas que se amontonaban, unas al lado de las otras, con sus miradas en las pantallas de los smartphones, de las laptops, de las tabletas. De ellos surgía un susurro que deambulaba por el lugar. Personas hablando con sus familiares a los que no abrazaban hacía años, personas contando su día a día, personas pidiendo ropa, comida, aseo, personas con los ojos abiertos como dos balones de fútbol, queriendo ver qué hay más allá de su isla, personas detenidas en el tiempo que se subían al auto rápido de la modernidad. Rostros en la penumbra de la noche alumbrados por las pantallas de sus dispositivos. El parque estaba oscuro, era el país. Las luces de las pantallas, un pequeño túnel hacia el futuro.

*

La revista se enfocó en contar la nueva sociedad que emergía. Ese relato pormenorizado del país incomodó al Gobierno. Dejaron de pasar de largo con nuestra existencia y nos fueron encima. El primer zarpazo fue el bloqueo de la revista desde territorio nacional. Desde entonces, los cubanos —de la isla— no han podido acceder nunca más a la web de *El Estornudo*. Solo se puede leer con mañas informáticas, *proxies*, VPN que reconfiguren el espacio geográfico de quien quiere acceder. El golpe nos arrebató muchos lectores, pero nos dejó claro que lo que estábamos haciendo era importante. Seguimos contando historias.

Ese año, 2017, los Astros de Houston y los Dodgers de Los Ángeles llegaron a la final de la Major League Baseball (MLB). En cada equipo había un cubano: Yulieski Gurriel y Yasiel Puig. Dos beisbolistas que habían formado parte de la selección nacional de Cuba en el pasado y que, por irse a Estados Unidos, el Gobierno los borró de la historia. Los llamaban «traidores». Llevaba años sin escribir de deportes. Me pareció la mejor oportunidad para volver a hacerlo. La isla entera estaba excitada con que Gurriel y Puig estuvieran disputándose la corona más importante del béisbol, el deporte nacional.

Podía contar esa exaltación de los cubanos, que no habían olvidado a sus estrellas como quería el régimen que sucediese. Mi idea era asistir a algún lugar donde los aficionados vieran el partido final de la MLB. Tenía dos opciones para verlo: la cafetería de un hotel, pagando la entrada y consumiendo de manera obligatoria, o casas clandestinas que tenían escondidas antenas satelitales no admitidas por las leyes del Gobierno porque transmitían canales de televisoras extranjeras. Escogí la segunda.

En La Habana Vieja hallé una zona con montones de esas casas clandestinas donde, en cuartuchos a punto de derrumbarse, los aficionados se escondían para ver los partidos. De la azotea que más fanáticos reunía, saqué esta pequeña crónica:

> «I live for this»
>
> Hace más de dos horas que Riguito terminó sus clases de octavo grado. Normalmente el timbre del último turno de la sección de la tarde en su escuela secundaria básica en La Habana Vieja suena alrededor de las 5:45 p. m., pero hoy desde las 5:00 p. m. ya Riguito está en la calle.
>
> No sabe por qué su profesor de Matemáticas de cincuenta y nueve años dictó la tarea al inicio del turno —dos problemas de ecuaciones—, cuando siempre lo hace al final, pasado el tiempo establecido. Luego, el profesor repasó brevemente el

contenido de la clase anterior y les dijo que ya estaba bien, que se podían levantar e irse en silencio.

Unos minutos más tarde, Riguito dejó su mochila en la acera, se remangó el pantalón amarillo del uniforme de la secundaria básica en Cuba, se quitó la camisa y en las cuatro esquinas de su barrio se puso a cubrir la tercera base de un juego a «la manito», versión reducida y callejera del béisbol que consiste en golpear a mano limpia una pelota de tenis rapada.

Ernesto, zurdo, cuatro años mayor que Riguito, amagó con batear por segunda base y le pegó fuerte hacia la tercera. La bola dio con un adoquín de la calle y se incrustó en el rostro de Riguito, quien, flaco y demasiado pequeño, se olvidó de la pelota y del juego y le fue encima a Ernesto, gordo y más alto. Segundos después, ambos estaban enredados a golpes y escupitajos justo en la puerta del solar de Rodolfo.

*

Rodolfo tiene sesenta y cuatro años que no aparenta y en su barrio todos los vecinos lo santifican. Si algún extraño, como yo, llega averiguando por él, te detienen y te preguntan quién eres, qué quieres y de dónde eres. Aclarado el interrogatorio, puedes conocerlo, porque Rodolfo lo escuchó todo, porque percibió tu miedo o tu ingenuidad, te vio desde que asomaste la cabeza en su cuadra y sin saberlo le pasaste por el lado repasando en la mente lo que tienes que decir. Rodolfo a toda hora juega dominó en la esquina en compañía de una cerveza o un trago de ron.

Lleva un jeans bruscamente ripiado en las rodillas, unas zapatillas deportivas y un pulóver bien ajustado al cuerpo. Una inmensa barriga cae sobre su cintura y tapa la hebilla del cinto. Su casa queda al fondo del primer piso del solar, pero Rodolfo es el dueño de la azotea y, aunque los vecinos pueden subir y tender ropas al sol o tomarse un trago de ron viendo la Alameda de Paula y el mar oscuro de la bahía de La Habana, todos saben que la azotea es para el negocio de Rodolfo.

En el segundo piso, viven sus dos hijos más pequeños. Uno tiene catorce años y el otro quince, pero no viven juntos, son hijos de madres distintas, así como sus otros dos hermanos —de veinte y seis y de veinte y nueve— que no viven en el solar. Todos los días, en una mesa que hay debajo de un toldo en la azotea, Rodolfo almuerza con sus dos novias —una de veinte y tres y la otra de veinte y cinco— y sus cuatro hijos de sus cuatro relaciones anteriores.

Rodolfo nació en 1953, en el mismo lugar donde hoy duerme. Entonces era el cuarto de criados de un enorme domicilio que pertenecía a la adinerada familia Gutiérrez González. Sus padres eran los sirvientes. Los Gutiérrez González tenían tres tintorerías, dos restaurantes y algo más que Rodolfo no logra recordar. En enero de 1960, unos pocos días después de cumplirse el primer aniversario de la entrada de Fidel Castro y los barbudos a La Habana, los Gutiérrez González decidieron marcharse por un tiempo a Miami porque no veían con buenos ojos lo que ocurría en el país. Pretendían valorar desde la distancia la situación y determinar qué hacer.

Mientras tanto, los padres de Rodolfo quedaron al frente de la casa, pero unos meses más tarde la familia fue acusada de contrarrevolucionaria por visitar asiduamente los Estados Unidos y los Gutiérrez González se tuvieron que exiliar. Todos sus bienes fueron incautados, salvo el cuarto de los criados, que permaneció en poder de los padres de Rodolfo.

La vivienda de tres plantas y diez cuartos de los Gutiérrez González pronto se convirtió en lo que es hoy: un solar apestoso y derruido, oscuro y mugriento, apuntalado por grandes vigas de madera maciza que sostienen por unos años más las columnas y paredes de peso de los cuarenta y siete cuartuchos surgidos del ingenio y la necesidad de sus nuevos moradores.

*

El negocio de Rodolfo es muy sencillo: una antena parabólica ilegal que esconde en algún lugar de la azotea, o bien en un tanque azul de tapa negra detrás de unos sacos de escombros, o en un pequeño cuartico de dos metros cuadrados, o entre las botellas de cristal vacías colocadas en orden al fondo de la placa. El lugar preciso nadie lo sabe, solo Rodolfo y sus dos hijos mayores.

El solar, y la inmensa mayoría de las casas del barrio, incluyendo las de los miembros de las Fuerzas Armadas Revolucionarias (FAR), del Ministerio del Interior y del Partido Comunista, están conectadas, a cambio de diez dólares mensuales, a la antena parabólica de Rodolfo a través de un cable que va de azotea en azotea y que capta la senal satelital. La parrilla de transmisión la eligen Rodolfo y sus hijos, y esta se reduce básicamente a los noticieros informativos del sur de la Florida, *shows* latinos de entretenimiento, películas, novelas y mucho deporte.

El deporte es el plato fuerte y Rodolfo tiene preparada la azotea para aquellos que no paguen la cuota mensual establecida y les interese seguir en vivo algún evento en particular, ya sea cualquier partido de fútbol de las variopintas ligas europeas, la Champions League o algún encuentro de la National Basketball Association (NBA) o la Major League Baseball. La entrada cuesta un dólar.

Rodolfo y sus hijos no se molestan porque la gente beba ron o lleve un pozuelo con comida. Si la azotea se llena de rostros extraños como las gradas de un estadio, ellos solo aclaran que tengan cuidado al bajar las escaleras y que no se peguen al borde porque la placa está en mal estado y en cualquier momento se puede desplomar.

Para llegar a la azotea del solar hay que pasar por un pasillo estrecho con moho en las paredes y treparse al vértigo de una añeja y oxidada escalera de hierro en forma de caracol. Cada escalón chirría y hay algunos descansos que no existen. La azotea, en cambio, es un lugar plácido. El aire corre con furia y te pega sin clemencia en la cara. Afuera, la típica postal de La Habana que exhiben las malas películas y los videos musicales de pésimo gusto: edificios amontonados que luchan por no volverse escombros, niños que retozan en sus palomares, el mar que bordea la ciudad, la cúpula renovada del Capitolio.

Hay en total ocho asientos para los clientes: una caja plástica de litros de leche, tres sillas metálicas, un silloncito de madera para niños, un sillón de metal y otro de madera y el tronco de un árbol que ahora es un banco en el que caben tres personas con las piernas bien recogidas. El resto tiene que sentarse en el suelo o traer su propio asiento desde su casa.

*

A comienzos de octubre, cuando arrancó la postemporada en las Grandes Ligas y los fanáticos se percataron de que en cada uno de los principales equipos contendientes al título había por lo menos un cubano como protagonista, Rodolfo y sus hijos le pidieron prestado a Celia, la recién electa presidenta del Comité de Defensa de la Revolución (CDR), una bandera nacional con la justificación de utilizarla en el estadio Latinoamericano durante los juegos de Industriales, equipo de la capital en el campeonato cubano de béisbol, y la colocaron en la pared frente a la entrada de la azotea. Debajo, en una cartulina escribieron a mano el lema de la MLB: «I live for this».

«Este es el mejor béisbol del mundo y hay un cubano por cada lado, estamos orgullosos de verlos ahí», dice Yandry, uno de los hijos de Rodolfo, mientras acomoda encima de una mesa de madera el televisor LCD de su casa, una rareza, un refuerzo por orden de su padre, pues dice Rodolfo que para el último juego de la World Series entre los Astros de Houston de Yuly Gurriel y los Dodgers de Los Ángeles de Yasiel Puig vendrán más personas que de costumbre, y por eso no bastará con el televisor Sanyo de veinte y siete pulgadas que descansa en una base metálica y el antediluviano televisor Caribe colocado en una esquina de la azotea.

Media hora antes del partido, el chirrido insoportable de la escalera oxidada no cesa. En la entrada del solar, Rodolfo impone respeto con unos de sus hijos. Todos pasan y lo saludan. Arriba, en la punta de la escalera, Yandry recoge el dinero de la entrada y lo guarda en una caja pequeña de madera.

Un grupo de tres señores, sentados delante, en el suelo, comentan sobre la Serie Nacional. Uno de ellos lleva consigo la edición de hoy del periódico *Granma*, dedicada casi por completo a la votación efectuada en las Naciones Unidas contra el bloqueo económico y financiero que Estados Unidos le impuso a Cuba desde 1962.

Los señores van directo a la página deportiva y dialogan sobre la tabla de posiciones y el último chisme de casa: la sanción por tres partidos que le han impuesto a Víctor Mesa, vilipendiado manager de Industriales. Para sorpresa de todos, unos días antes este mismo diario publicó por primera vez un comentario explícito sobre el rendimiento de los peloteros cubanos que militan en la MLB. Un hecho inaudito dentro de la desprestigiada prensa oficial que, tras décadas de censura de las Grandes Ligas, auguró también la transmisión de la World Series por la televisión estatal con un día de retraso, aun cuando interviniesen en ella peloteros cubanos anteriormente calificados como «desertores» y «traidores».

Sin embargo, en la azotea de Rodolfo el *play ball* de cada juego final llegó en hora, y hoy se decide el campeón.

*

A las 8:20 p. m. de la última noche de la temporada 2017 en la MLB, el Dodger Stadium de Los Ángeles, California, está a punto de reventar, con sus cincuenta y seis mil butacas vendidas a pesar de los precios exorbitantes. A esa misma hora, en el corazón de La Habana, Rodolfo luce un tanto desconcertado. Dice que nunca antes su azotea había estado tan llena. No teme, como pudiera pensarse, porque alguna jugada desate el bullicio y la policía, avisada, llegue de manera intempestiva y acabe con su negocio y con la felicidad de los aficionados, sino porque la azotea se desplome y los setenta y ocho espectadores —contados a dedo— caigan de golpe sobre el solar.

Hay gente incluso en los bordes. Hay humo de cigarro y un hedor insoportable, como si estuviéramos en una discoteca de tercera. La gente bebe ron y habla sin parar, se pasan las botellas de mano en mano y se empinan de boca en boca. La afición se divide en dos: los que apoyan a Yuly Gurriel y los que lo odian. Yasiel Puig parece que da igual, les interesa su actuación por la sencilla razón de que es cubano, pero en el fondo el cienfueguero pasa de largo, al menos aquí.

En el tercer inning del partido los Dodgers están debajo en el marcador y es el turno de Yasiel Puig. Hay corredores en primera y segunda, el cienfueguero tiene la oportunidad de acercar a su equipo y apretar la pizarra. Puig se mete rápidamente en dos strikes, conecta *foul*. Sabe que eran lanzamientos buenos, en zona, que él, un caníbal de los pitcheos rápidos, normalmente no deja escapar.

Pide tiempo y sale del *home plate*, intenta morder el bate, le pasa la lengua, un nuevo gesto incorporado a su repertorio de excentricidades. El próximo lanzamiento es una bola rompiente que no logra conectar con solidez. Eleva a los jardines, lo dominan.

«Camina, pollo, que el agua está hirviendo», le grita un fanático que mordisquea la esquina de una cajita de ron Planchao. A su lado, hay un hombre solitario, sentado encima de una silla de metal pequeña. Un rato más tarde llego hasta él para soltarle algunas preguntas, porque es una de las pocas personas que a lo largo de las cuatro horas del partido no ha bebido una gota de ron.

Se llama Edercio, tiene cincuenta y nueve años, y es profesor de octavo grado de Matemáticas en una escuela secundaria básica que hay cerca de la cervecería donde Barack Obama conversó con los emprendedores cubanos en marzo de 2016.

La última jugada del partido es una rodada inofensiva a la segunda base. El pequeño venezolano José Altuve fildea y completa el *out* en primera con Gurriel, quien se guarda la pelota en un bolsillo. Parece un gran suvenir. Este ha sido su año de novato y, desde luego, su primera Serie Mundial.

La cámara enfoca también a Yasiel Puig, destrozado en su *clubhouse*. En el *box*, Gurriel celebra con sus compañeros y saca a pasear la bandera cubana.

A esa hora, en la azotea de Rodolfo alguien, eufórico, grita: «Ahora, que estamos en elecciones, vamos a nominarlo para presidente».

Llegué a casa después del partido. Eran las dos de la madrugada. Tenía que escribir la crónica de la noche, pero no me sentía con fuerzas. Me di un baño para sacarme de encima el tufo a cigarro. Sentía que mi cuerpo olía a discoteca. Luego pensé: si arranco a escribir a esta hora, me voy a quedar sin gasolina a medio camino porque estoy agotado, mejor entonces dormir unas tres horas al menos. Eso hice. Puse la alarma para las cinco de la madrugada. A esa hora comencé a escribir. Iba a ser un texto sui géneris, más corto, con menos abordaje, una viñeta.

Me puse en ello con una taza de café al lado. A las siete de la mañana noté que el ventilador estaba apagado, a la habitación le faltaba luz y la laptop pitaba. Me di cuenta que habían quitado la corriente eléctrica en mi barrio. Cada vez que eso sucedía a esa hora tan temprana, no volvía la energía hasta las cuatro o las cinco de la tarde. Estaba en un aprieto porque no tenía carga en la laptop. Me había comprometido a entregar el texto a las primeras horas del día para publicarlo lo más rápido posible en la revista. Recogí mis cosas y salí hacia casa de mi madre en Centro Habana para trabajar allí.

Me monté en un taxi colectivo, un Chevrolet de 1957 que pasó vacío. En el trayecto recibí una llamada de un número desconocido.

—Buenos días, Abraham. Le habla el mayor Roberto Carlos.

—¿Quién es el mayor Roberto Carlos?

—Me hace falta verte.

—¿Pero quién es el mayor Roberto Carlos?

—¿Dónde estás?

—No estoy en mi casa. Hoy yo no puedo. Si quieres mañana. ¿Pero quién es el mayor Roberto Carlos?

—Yo sé que no estás en tu casa, porque yo estoy en la puerta y no sale nadie. Dime, ¿dónde estás?

—Que le estoy diciendo que hoy no puedo.

—Abraham, no estás entendiendo. ¡Esto es una citación policial! Dime dónde estás y voy a buscarte enseguida.

—¿Pero pasó algo? ¿Qué problema hay?

—Dime dónde estás y te explico.

Llegué a casa de mi madre intrigado. No sabía qué significaba esa llamada. Diez minutos después, un Lada blanco con chapa del Ministerio del Interior se estacionó en el edificio colindante. Saqué la cabeza por la ventana. El mayor Roberto Carlos llevaba unas botas deportivas, un jean verdoso, corroído, gastado en la parte de los muslos y con remiendos en la zona de la entrepierna. Un tipo pequeño, gordo, sin papada, como un oso de peluche, de manitas cortas, con un lunar en el rostro, pelado bien bajito, sin patillas sobre las orejas. Un tipo comprimido en *winrar*. Lo acompañaba otro hombre. Su secuaz, el compañero de batería. Un muchacho joven, que no debía pasar los veinte y cinco años, de cabeza oblicua, dientes largos, de barbilla rasurada y epidermis porosa, un tipo que no diría una palabra durante las siguientes horas.

En la casa de mi madre solo estaban mis dos abuelos maternos. Mi madre se había ido a su trabajo, mi hermana mayor, que estaba de licencia de maternidad, estaba pasando unos días en casa de mi padre, y mi hermana menor había salido temprano hacia la universidad. Salí al encuentro de los dos hombres para disipar las dudas.

—Abraham, hace falta que nos acompañes a mi unidad. Tenemos que hacerte unas preguntas y tenemos que ocuparte tu celular y tu laptop. Si no los tienes aquí, ahora mismo tenemos que ir a buscarlos. Diles a tus abuelos que no hay problemas, invéntales algo y diles que todo está bien y que te vas conmigo —dijo el mayor Roberto Carlos, con voz calmada, una vez que se bajó del Lada junto a su secuaz mudo.

El hombre sabía la dirección de la casa de mi madre, porque ni siquiera me dejó decírsela cuando me llamó. En el Chevrolet le dije: «Voy camino a casa de mi madre». Respondió: «Perfecto». También estaba al tanto de que ni mi madre ni mis hermanas estaban allí, que solo me acompañaban mis abuelos.

—¿Esto por qué es? ¿Ustedes no tienen una orden de registro? —respondí.

—Te estamos explicando que son solo unas preguntas. ¿Quieres que hable con tus abuelos para que no se queden preocupados?

—Ok.

Aproveché y subí a uno de los cuartos de la planta alta de la casa de mi madre. Llamé a mi padre, que hacía pocos meses se había jubilado del Ministerio del Interior. Le expliqué la situación. Me dijo que no dejara que me cargaran, que lo esperara, que en unos minutos llegaría. Mi hermana, que en ese momento era oficial del Ministerio del Interior, lo acompañaría.

El jefe de mi hermana la había llamado un rato antes para decirle que ese día, precisamente ese día, iba a verla con otras dos compañeras para ver cómo estaba llevando el embarazo. Mi hermana estaba a punto de dar a luz y durante todos esos meses de licencia de maternidad no había recibido ninguna llamada de su jefe para preocuparse por ella. Su visita estaba relacionada conmigo.

El jefe de mi hermana le dijo que me iban a detener porque llevaban meses vigilándome y habían comprobado que yo, su hermano, andaba en malos pasos, que formaba parte de un proyecto subversivo, que me ganaba la vida escribiendo como *freelance* para medios extranjeros y eso no estaba bien porque debía escribir para el periódico *Granma*, que era muy duro en mis artículos con el Gobierno, que cenaba con amigos extranjeros, con diplomáticos foráneos también. Y que todo eso me convertía en un tipo peligroso.

Mi padre y mi hermana llegaron bien rápido. Bajé de la planta alta cuando los sentí arribar. Me preguntaron que qué había hecho. «Nada», les respondí. Luego mi padre se dirigió al mayor Roberto Carlos y le preguntó si yo había cometido algún delito, que qué sucedía, que para dónde me llevaban. El mayor respondió que solo tenía que hacerme unas preguntas, que en unas horas me traerían de vuelta. Mi padre le dijo que él fue durante treinta y nueve años miembro de la Seguridad del Estado, que sabía, de sobras, que ellos dicen una cosa y hacen otra, que bien podía pasarme como a mucha otra gente que les han dicho que se los llevan para aclarar algo y terminan pasando años hasta que vuelven a ver la luz del sol.

Ese diálogo se extendió por una media hora, lo presencié desde un sillón. Terminé levantándome, cansado, abrumado de tanta plática vacía, tomé mi mochila con mi laptop dentro y les dije a mi padre y al mayor Roberto Carlos que termináramos ya, que me llevaran a donde tenían que llevarme y que me hicieran las preguntas que me tuvieran que hacer. Que saliéramos de eso de una vez.

El secuaz mudo me abrió una de las puertas traseras del Lada y se montó junto a mí dejando vacante uno de los asientos delanteros. Los cristales del auto estaban clausurados y no entraba ni una gota de aire. De reojo vi cómo mi padre, mi hermana y mis abuelos se quedaron observando, desde la fachada de la casa, cómo el carro soviético se largaba. Les dije adiós con mi mano derecha, como si me fuera de viaje al extranjero por un largo período.

Llegamos a una unidad policial en las calles 100 y Aldabo, en la periferia de La Habana. El mayor Roberto Carlos le ordenó al secuaz mudo que me llevara a la parte trasera y que me sentara allí. Pocos instantes después me presentó a otro oficial que se llevó en sus manos, por un pasillo alargado, mi laptop y mi teléfono. Quince minutos más tarde apareció el mayor Roberto Carlos. «Acompáñeme», dijo. Y me llevó hacia una habitación pequeñísima, donde solo cabían dos butacas, un sofá donde se sentó él, una mesita de cristal y sobre ella una computadora de escritorio marca Hanel. En el cuarto había un aire acondicionado de una tonelada que marcaba veinte y tres grados, pero como todo era muy estrecho, sentí que había llegado a Alaska.

Las once horas de detención transcurrieron entre amenazas, chantajes y monsergas. El mayor Roberto Carlos me dejó claro que si seguía escribiendo, me iban a abrir una causa penal y luego me llevarían a la cárcel. Además, ese tiempo bastó para demostrarme que cada paso que daba en la calle, que cada conversación que tenía con alguien, ellos lo conocían. Eso fue lo más humillante: sentirme desnudo. Esas historias que la gente contaba de la boca para afuera como si fueran chistes no eran cuentos de camino, eran reales. El mayor Roberto Carlos, por ejemplo, sabía con cuál chica salía en ese momento aunque no era mi novia, los mensajes que le mandaba, con quién había almorzado o cenado seis meses atrás un día determinado que ni yo recordaba, lo que hablábamos en las reuniones de la revista, a qué hora hacía deportes. Lo sabía absolutamente todo.

Al entrar en la estación policial, me pidieron que me quitara mi reloj y que se lo entregara. Allí adentro, donde no entraba la luz del día, era imposible calcular el paso del tiempo. En el momento último del interrogatorio, el mayor Roberto Carlos hablaba sin parar de la Revolución cubana y de Fidel y de Raúl y del enemigo histórico y de lo humanista que era el Ministerio del Interior a pesar de que eran una institución de carácter represivo. Decía que cuidara a mi hermana, a mi padre, a mi madre, a mi familia, que yo con mi actitud los estaba perjudicando, que mi familia era una familia revolucionaria y que por qué tenía que ser yo la oveja negra. No les bastó con confiscar mi laptop y mi teléfono celular, con ver toda mi información, con grabarme a escondidas seguramente. Además de todo eso, me obligaron a escribir todo lo que habíamos hablado: las once horas de atropello moral, de amenazas, de chantaje, revivir mi vida al desnudo. Que un detenido escriba su propia declaración, además de ilegal, es una solución ingeniosa para un represor perezoso y precario, que seguramente tenía la computadora rota o no disponía de cartuchos de impresora.

Salí exhausto de aquel lugar, gastado, paranoico. No tenía privacidad, no tenía cómo evadir la arbitrariedad del Gobierno. Fue la primera vez que padecí la desprotección, el abandono, la primera vez que me sentí endeble, mi primer interrogatorio, mi primera detención, mi primera vez viéndole los ojos y los tentáculos a la Seguridad del Estado, el carcelero de Cuba.

Ese primer interrogatorio marcó un parteaguas en mi vida. A partir de entonces nada volvió a ser igual, algo dentro de mí se rompió. Comencé a alejarme de mi familia, de mis amigos, hasta de los colegas de la revista. Me volví un lobo solitario para proteger mi privacidad, mi vida, mi trabajo. No podía caminar ni un metro sin mirar a los costados, hacia atrás.

Me llamaban al teléfono móvil y no respondía, solo hablaba en persona con la gente, lo imprescindible. Incluso, con los colegas de la revista, hablaba lo justo. Decidí no tener amoríos. Los pocos que tuve, fracasaron por mi falta de comunicación y mi encerramiento. Me compré una bicicleta para no tener que montarme en buses y en taxis. Cuando estaba trabajando en algún reportaje, a las fuentes les decía que no tenía teléfono, que esperaran por mis llamadas. Y siempre lo hacía desde teléfonos públicos distintos. Era mi estrategia para defenderme de la persecución de la Seguridad del Estado.

De noche, desde números desconocidos, me llamaban al teléfono móvil o al de la casa. La mayoría de las veces no hablaban, solo se escuchaba la respiración de una persona, que la forzaba para que me quedara claro que no era un número equivocado. A veces, devolvía la llamada. Escuchaba una voz automática con música de fondo: este número está fuera de servicio. En alguna de esas llamadas se animaron a hablarme, preguntaron si Abraham estaba en casa. «Quién habla», respondí. Me colgaron. Cuando hablaba a través del teléfono móvil con la poquísima gente que lo hacía sentía ruidos, interferencia, conversaciones. Me cortaban las llamadas. En la calle me seguían motos Suzuki y autos Geely, los que usan los miembros de la Seguridad del Estado.

En 2018, de los fundadores de la revista, dentro de Cuba solo quedábamos Maykel González y yo. El resto estaba fuera, aunque seguían en el equipo. Habían emigrado por la misma razón que lo hace la mayoría de los cubanos: querían esperanza en el futuro, una vida mejor. Pese al acoso, tres jóvenes reporteros que se acababan de graduar de las mismas aulas de la universidad donde estudiamos nosotros, Mario Luis Reyes, Darío Alemán y Javier Roque, decidieron sumarse. Fue aire fresco. Lo necesitábamos.

La situación fue a peor después de 2018. El Gobierno amplió el acceso a internet en el país: ya no habría que ir más a los parques, ahora tendríamos internet en los teléfonos. Internet se volvió el medio para el cambio: tejió redes entre los militantes de distintas comunidades, entre los activistas, entre los grupos opositores, entre el exilio y la isla. Para contrarrestar el efecto indeseado —la libertad de pensamiento— provocado por su propia decisión, el régimen elevó la represión a niveles descabellados.

Un día cualquiera, intentaba salir de casa para botar la basura o a ir comprar algo de comida, y agentes vestidos de civil me impedían poner un pie en la calle. Sin orden policial me ordenaban prisión domiciliaria por tiempo indefinido. Me dejaban encerrado en mi casa rodeado por un cerco policial. Después, para que no denunciara lo que me estaba sucediendo, me cortaban el acceso a internet, el teléfono móvil y el de la casa. Me dejaban aislado y rodeado por policías uniformados, que velaban desde afuera de mi casa lo que sucedía dentro. Si tenía un familiar enfermo, no podía ir a verlo. Si no tenía comida en ese momento, no comía. No siempre hacía públicos mis encierros. ¿El motivo? No cansar a la gente con mi insoportable cotidianidad, para no convertir lo excepcional en «normalidad». Eran tan frecuentes las detenciones en la calle, los interrogatorios arbitrarios, que si denunciaba cada atropello, los colegas fuera de Cuba, las organizaciones de derechos humanos, los pocos gobiernos extranjeros que prestan atención a la situación cubana se enfrentarían al terreno cansino de la monotonía. Y, de esa forma, mi día a día, esa cotidianidad surreal, quebrada por mis faltas de derechos, pasaría a no importar.

The Washington Post me hizo columnista en 2020 —aunque publicaba con ellos desde 2019—. Me sentía respaldado por una institución prestigiosa. Pero ese uniforme irritó al régimen. Un día tocaron a la puerta. Un policía con una citación policial. Debía presentarme al día siguiente en una unidad para ser interrogado. Era tan temprano en la mañana que acababa de despertarme. No tuve ganas de preguntar el motivo de la citación. Una pregunta que siempre era en vano, por supuesto, pero que la hacía para quedar en paz conmigo y para demostrar un poco de agallas, aunque supiera que la impunidad se reiría de mí.

Al otro día me desperté, tomé un té para relajar en el balcón, me vestí y salí sin teléfono, sin billetera, sin llaves, sin nada que me pudieran robar y sin nada que pudieran confiscarme. Llegué una media hora antes a la dirección que ponía en la citación policial. Me senté en el contén de la acera, a unos cincuenta metros del lugar. Cuando faltaban diez minutos, vi entrar dos autos. Me acerqué a la puerta y, para mi sorpresa, la unidad policial estaba en obras. No había ajetreo de oficiales, sino de obreros. Busqué la citación para cerciorarme de que no me hubiese equivocado de dirección y comprobé que estaba en lo cierto. Era allí. Entré.

«¿Eres Abraham?», preguntó un hombre desde atrás. Me volteé. Había hablado uno, pero tenía a cinco hombres mirándome. «Avanza hacia adentro», me dijeron. Caminé por encima de polvo de cemento, bloques rotos, sacos de gravilla, instrumentos de trabajo desperdigados por el piso. Las piernas me temblaban. Me indicaron que entrara en una oficina. Uno de los cinco hombres cerró las cinco persianas de la única ventana que había en ese espacio. «Siéntate en esa silla», me indicaron. Los cinco hombres me rodearon. No corría el aire, nadie hablaba, todos miraban mi nerviosismo. «Tenemos que desnudarte para estar seguros que no tienes ningún micrófono», dijo el más viejo de los hombres, que al parecer era el jefe. «Eso no va a suceder», me atreví a decir. «Eso viola mis derechos», agregué a continuación. «Pues sí va a suceder», dijo el supuesto jefe. Con su mano derecha, sin hablar, le hizo una seña a uno de los otros, un negro de dos metros de estatura y de una musculatura extravagante. El fortachón dio un paso hacia mí y los otros hombres se apartaron para permitirle actuar. El fortachón me miró fijo a los ojos, le sostuve la vista porque no podía hacer otra cosa. Sacó unos guantes de nitrilo, se los colocó en sus manos. «¿Qué vas a hacer?», le pregunté. «Levántate y quítate la ropa», respondió con furia en la mirada. Obedecí.

Fue la mayor humillación de mi vida. Me sentí una mierda, un pedazo de cuerpo, un cuerpo muerto, un náufrago. Ya desnudo, soportando la mirada de esos cinco hombres sobre mi cuerpo, el fortachón me ordenó voltearme, pegarme a la pared, separar las piernas y abrir las manos. Mi nariz, mi boca, mis ojos estaban a centímetros de un muro de concreto. Quise llorar, quise morirme. De pronto, la mano del fortachón entró en el pelo de mi cabeza. Rastreó todo lo que quiso. Después dijo: «Ya puedes vestirte sin sentarte».

Mientras me vestía, me percaté que el fortachón sacaba unas esposas. Cuando terminé, dijo: «Date la vuelta». Tomó mis manos y las clausuró con fiereza. Me sacaron esposado de aquella oficina hacia uno de los autos que había visto entrar. Delante iba el supuesto jefe, al lado de un chofer. Detrás, custodiándome, el fortachón que, antes de echar a rodar, me ordenó: «Cuando salgamos, por las buenas, bajas la cabeza y no la levantes hasta que te vuelva a avisar». El auto arrancó y el fortachón empujó mi cuerpo por la espalda hasta encorvarme. Sentía el metal frío de las esposas que se me clavaba en las muñecas. Intenté acomodar lo mejor posible mi cuerpo.

No sabía hacia dónde me llevaban. A los quince minutos de trayecto, de repente, el auto frenó en seco. El fortachón dijo: «Aguántate del asiento». Y el auto comenzó a dar vueltas en círculo en el mismo lugar. Querían marearme, hacerme vomitar, incomodarme, no lo tengo claro. No sucedió y volvieron a arrancar hasta llegar a Villa Marista, la tenebrosa sede de la Seguridad del Estado.

*

La Seguridad del Estado es la policía política del régimen. La entidad que mantiene a flote al castrismo y que lo protege mediante el trabajo en penumbras. Una institución paraestatal que opera como si fuera una mafia. Es una entidad que no existe legalmente, que realiza sus operaciones desde el anonimato, aunque sus tentáculos y su poder son visibles. No se sabe con cuántos agentes opera, pero se sabe que sus escuadrones son infinitos, porque no solo cuentan con la labor de sus propios oficiales, sino que uno de sus mayores objetivos, y de ahí se desprende su abominable funcionabilidad, es reclutar y obligar a personas civiles a que trabajen para ellos brindándoles información. La Seguridad del Estado tiene una oficina en cada municipio, en cada provincia, en cada centro de trabajo, y en cada funcionario público tiene un potencial colaborador. La Seguridad del Estado vigila lo que hace y dice desde un vendedor ambulante hasta un ministro. La Seguridad del Estado es un monstruo que creó Fidel Castro copiando a la KGB soviética, a la Stasi de la RDA alemana, para mantener a su gusto el *statu quo* de la nación. Pero monstruo al fin, la Seguridad del Estado ya no necesita quien la dome ni quien le indique sus deberes, actúa de manera automática, devorando cada pizca de libertad de la isla.

Aunque el cuerpo de la Seguridad del Estado sea fantasmagórico, es de dominio público que su cuartel general está enclavado en Villa Marista, así como en la Unión Soviética se conocía que la sede de la KGB estaba en Lubianka. Antes de 1959, Villa Marista era un colegio privado con inclinación a la formación de pedagogos. Sus dueños eran unos hermanos españoles que llegaron a Cuba desde Santander y que, en 1961, tuvieron que abandonar el país y sus terrenos por las políticas de nacionalización de empresas de Fidel Castro. Un tiempo después, las aulas de Villa Marista mutaron a celdas de reclusión. Y las clases de pedagogía, lugares de vejaciones y torturas.

Villa Marista es un mito. Quizás el sitio que más temor genera en el país. Nadie quiere entrar, nadie quiere saber de ella. Se comenta en las calles de la isla que allí dentro «hasta los mudos hablan».

*

Supe que estaba en Villa Marista porque había estado antes en el lugar. Mi tío, el hermano mayor de mi madre, pasó tres meses encerrado en una de sus celdas. Él era el director del departamento de Asia y Oceanía del Ministerio de Comercio Exterior. Unos días antes de un viaje de trabajo a Vietnam, dos oficiales de la Seguridad del Estado, haciéndose pasar por miembros de la delegación, se presentaron en su oficina y le hicieron creer que lo necesitaban en una reunión de última hora. Al salir, los dos agentes encubiertos se identificaron como oficiales. Le dijeron que lo iban a trasladar hacia un lugar donde le harían unas preguntas para esclarecer una investigación. Lo montaron en un Lada. Salieron de la ciudad. Tuvieron a mi tío secuestrado durante todo un fin de semana sometido a interrogatorios, amenazas, a métodos coercitivos que nunca ha querido contar a la familia. En su casa estaban preocupados: había desaparecido. Mi madre se presentó en su trabajo para informar la situación. En la recepción del Ministerio de Comercio Exterior, un funcionario le colocó un teléfono en el oído. Mi madre escuchó la voz de mi tío: «Regresa a casa, todo está bien, llamaré pronto». Horas después llamó para informar que lo habían trasladado a las celdas de Villa Marista.

Cada jueves podía recibir visitas. Una vez fui con mi abuelo —su padre— y mi madre. Solo se le podía llevar una jaba con comida, un pomo de café y un libro. Ese libro no podía tener marcas de ningún tipo, ni una dedicatoria ni un apunte ni un subrayado. Lo revisaban hoja por hoja en la entrada, donde además había que entregar el carnet de identidad y declarar el parentesco. La instructora, al ver que era sobrino, me dijo que no podría ir más. Solo se permitía la visita de padres, hermanos e hijos. «Haré una excepción contigo porque ya estás aquí», dijo.

La visita se produjo en una habitación minúscula. Dos butacas, un sofá pequeño, una mesa con un teléfono y un cuadro horrible en la pared. Primero nos hicieron pasar a nosotros y luego lo trajeron a él. La instructora estuvo presente los diez minutos que duró el encuentro. Después de esos tres meses, mi tío fue trasladado a una prisión de máxima seguridad en las afueras de La Habana. Allí tuvo que esperar su juicio. Mi madre fue su abogada. A mi tío lo sentenciaron a seis años de privación de libertad por el delito de cohecho: había recibido de un diplomático vietnamita una cesta de Navidad con vinos y turrones, un cake, un celular y una bata de encajes para su nieta.

El fortachón me dirigió al mismo lugar por el que pasé cuando visité a mi tío. En la entrada me quitó las esposas de las muñecas y me llevó a una habitación. Estuve sin compañía durante diez minutos, hasta que entró un oficial jovenzuelo de veinte años y la teniente coronel Kenia, una afamada represora. A Kenia le colgaban del cuello dos cadenas doradas que llevaba por fuera del uniforme militar. Sus uñas de las manos eran largas, puntiagudas y de color rosa. En sus dedos llevaba anillos y sortijas también doradas. En los últimos años, Kenia había sido la interrogadora habitual de los disidentes y los artistas contestatarios que más incomodaban al régimen. Era despótica, agresiva y provocadora. Esa fiera estaba delante de mí mirándome con ganas de degollarme. Sentí, por sus gestos, su mirada, que me despreciaba, que le provocaba repulsión, asco. Señora, pensé, siento lo mismo por usted.

Dio comienzo la farsa en bucle de interrogadores dándose relevos, entrando y saliendo, cambiando de actitud, a veces amenazantes, a veces delicados, pero siempre haciendo las mismas preguntas. Alegaban que yo era un agente del Gobierno de Estados Unidos reclutado a través de *The Washington Post*. Volvieron a dejarme solo. No sé cuánto tiempo pasó, pero lo suficiente para quedarme dormido. Me despertaron los cuatro oficiales. Ahora me caerán en pandilla, pensé. Gritaban, me ofendían, tergiversaban mis palabras. Su propósito era agotarme, confundirme. Llegué a pensar que me dejarían allí encerrado como a mi tío.

La teniente coronel Kenia sacó un documento. Dijo: «Si lo firmas, te puedes ir». En resumen, el documento declaraba que si volvía escribir en *The Washington Post* un artículo más, me iniciarían un proceso penal por «propaganda enemiga». Leí varias veces aquellas hojas y me negué a firmar. Kenia explotó. Se me acercó y comenzó a gritarme, a manotearme con sus uñas que parecían espadas. Exacerbada, gritó: «Voy a acabar con tu familia». Mi respuesta era el silencio, la quietud.

«Vas a terminar en la prisión», aseveró antes de marcharse con un portazo. Detrás de ella desfilaron los otros tres oficiales.

Volví a estar solo. Al rato, abrió la puerta el fortachón en compañía del resto de los hombres que me habían apresado en la mañana. Me pusieron de vuelta las esposas y me volvieron a obligar a ir encorvado dentro del mismo auto. En la estación policial en obras, me dejaron libre. Caminé destruido hasta casa. Las manos me temblaban, sudaba, tenía las muñecas marcadas. ¿Qué hago ahora?, me pregunté.

Esa noche escribí un artículo que publicó al día siguiente *The Washington Post*. Un fragmento:

> «Si esta es mi última columna aquí, es porque estoy preso en Cuba»
>
> La Seguridad del Estado puede expulsar a tu madre de su trabajo y dejarla sin empleo. La Seguridad del Estado puede citar a tu padre para interrogarlo. La Seguridad del Estado puede escribirle a tu pareja, en medio de un embarazo, mensajes con calumnias. La Seguridad del Estado puede meter en un calabozo y luego llevar a interrogatorio a un vecino solo porque es tu amigo. La Seguridad del Estado puede dejarte arrestado en tu propio domicilio cuando le plazca. La Seguridad del Estado puede prohibirte salir del país hasta que estime. La Seguridad del Estado intercepta el teléfono de tu casa, tu teléfono móvil y te corta el internet cuando desea. Todo eso lo puede la Seguridad del Estado, que es más o menos el resumen de lo que me ha hecho en los últimos años, pero vuelvo a aclarar que ni siquiera soy la peor de las víctimas.
>
> Ahora, la Seguridad del Estado no quiere que tenga esta columna, no quiere que cuente lo que yo cuento acá. Porque

esos retazos de Cuba que publico cada mes son algunos de los paisajes que el Gobierno cubano quiere guardar bajo llave, para que no se les derrumbe la imagen de país que Cuba no es a los que no conocen esta realidad. Y porque una de las esencias de los regímenes totalitarios es silenciar las voces que narran la cotidianidad más subversiva.

Por eso me desnudaron, por eso me esposaron y por eso me advirtieron que si volvía a escribir una columna más, o sea, esta, me llevarán a prisión. ¿Bajo cuál delito? No tiene sentido ponerse a buscar, no importa el que sea: la Seguridad del Estado lleva más de seis décadas construyendo causas judiciales en contra de personas inocentes solo por serles incómodos. Entonces, si finalmente deciden concretar la amenaza, buscarán la manera de hacerme violar la ley y embarrarme con algún artículo del Código Penal para criminalizar mi actuar y castigarme por ello.

Hace unos días, el presidente Miguel Díaz-Canel, para demostrar que su gobierno seguirá fiel a la ideología castrista, colocó en Twitter una foto y una frase de un sonriente Fidel Castro: «La ridícula pretensión de imponer soluciones por la fuerza es incompatible con todo razonamiento civilizado y los principios esenciales del derecho internacional».

Fuera de contexto, la cita es congruente. Pero pensemos de nuevo por un momento en mi detención arbitraria y en mi posterior interrogatorio: dónde está el civismo, dónde está el respeto a mis derechos, todo fue una despótica imposición. Incito al presidente de Cuba a no vender esa frase como una consigna de humo y a que cumpla, verdaderamente, con uno de los principios esenciales del derecho internacional: informar no es delito. Si voy a prisión por escribir esta columna, quedará su palabra en evidencia.

Un par de días después de escribir el artículo, aburrido de noche en casa, encendí el televisor y vi mi rostro en la pantalla. El noticiero estelar informativo del país transmitía las imágenes de mi interrogatorio. Las habían filmado a escondidas y se las mostraban a la isla.

Fue la segunda vez que salí en la televisión nacional. La primera, de niño, cuando militaba en un equipo infantil de béisbol. Un equipo de norteamericanitos viajó a Cuba, como parte de la «Caravana de pastores por la paz», para enfrentarse a elencos cubanos. El partido lo jugué en la primera base, no sé muy bien por qué. Era jardinero. La primera vez al bate me ponché. La segunda pegué hit al jardín derecho. Recuerdo la secuencia exacta de cuando salí en la televisión: un norteamericanito rubio pega un roletazo por la tercera base, la cámara sigue la pelota y graba cómo entra en el guante de Ernesto, un amigo que no he visto más, luego el plano sigue la pelota, que viaja de la mano de Ernesto hasta mi guante en la primera base. Con la escena acabó el partido. La cámara se quedó filmándome: corrí hacia el *box* a abrazarme con Eloy —un excelente pitcher zurdo, que no sé qué fue de su vida— y con el resto del equipo. El plano finalizó con todos nosotros, niños, abrazados a una bandera cubana que trajo corriendo nuestro profesor, Máximo García, una leyenda del béisbol cubano.

La primera vez que salí en televisión, sabía que me estaban filmando. Estaba tan consciente de que estaba participando en un evento público y que había cámaras, que más tarde me senté sobre los pies de mi abuelo paterno para ver las imágenes en el noticiero. La segunda vez, en ese mismo noticiero, publicaban mi imagen sin mi consentimiento. Miraba la pantalla del televisor y no sabía a quién estaba viendo. No era yo, era mi cuerpo. Mi gestualidad y mi voz delataban que estaba sometido. En los interrogatorios todos dejamos de ser la persona que somos. Más aún si estamos ahí sin cometer delito alguno y si sabemos que cada palabra que digamos será usada en nuestra contra.

El Gobierno quería cercenar mi reputación. Venderle al pueblo cubano la idea de que era un agente de la Central de Inteligencia de los Estados Unidos (CIA), así decía el rotulador debajo de mi imagen. Cuando acabó el noticiero, salí al balcón. No estaba preparado para semejante golpe. Esos minutos en televisión pusieron en riesgo a todas mis fuentes, a mis amigos, a mi familia. A partir de ese instante, oficialmente, relacionarse conmigo sería hablar con «el enemigo» del país. Mi condición sería la de apestado político. Me acababan de recetar una muerte cívica.

VII

No aguanto más el apartamento del argentino. Es demasiado chiquito. Me asfixia. Por suerte me queda un día de renta. Lo dejaré para irme a un piso en el barrio de Horta.

Lo mejor de irme a Horta es salir del centro de Barcelona. El ajetreo, el turismo, las tiendas, la publicidad, aquí abajo me incomoda. Irme más lejos, cerca de la montaña, me puede venir bien. Me han dicho que es un barrio con muchos emigrantes. Eso puede ayudar a sentirme mejor. Me siento menos perturbado siempre que haya emigrantes cerca. Manejamos los mismos códigos, padecemos lo mismo, nos entendemos.

Cuando tengo la cabeza bien, vengo aquí a El Raval a tomarme algo o a comer. Me encanta sentarme en las terrazas como esta y ver a la gente pasar. Juego a descifrar nacionalidades. Me fijo en alguien que esté cerca, que sea inmigrante, para determinar de cuál país es. Al rato voy y le pregunto.

«Unas papas bravas, unas croquetas, pan con tomate, un pincho de tortilla y una caña», le pido al camarero. «Todo eso para usted», me dice con una sonrisa. Es un señor de cincuenta años muy amable. «No como desde ayer», respondo.

«Barcelona es una puta, es una puta por aceptar a todos estos putos cubanos», dice alguien desde la mesa de al lado. Me viro de inmediato y veo a un señor de unos setenta años, con la boca llena y con espuma de cerveza en el bigote. Me quita la mirada de encima cuando lo encuentro con la mía.

Habla con otro hombre más joven que lleva una coleta. Se nota que el hombre del pelo largo está nervioso. «Es que es así», dice el señor del bigote. No me puedo contener y le digo que debería limpiarse la boca —literal— para hablar de Cuba. El señor contesta: «Tío, que no estoy hablando contigo, eh, que estoy hablando en mi mesa, eh». La sangre me hierve. Cálmate, me digo, olvídate del fascista de mierda este. Miro hacia la barra para ver si está en camino mi pedido. Quiero ignorar a este hombre porque conozco mis impulsos. Esto puede acabar mal.

El hombre sigue hablando. Escucho que menciona Cuba dos veces más. Me está provocando y lo logra. Me levanto, lo señalo con el dedo y le digo que si quiere conocer cómo son de verdad los «putos cubanos», que se levante también y que entremos a esa escalera que está ahí, a aquella que está cerca de nosotros, que le enseñare cómo somos. El hombre de la coleta se pone más tenso aún, me mira. El señor bigote mira al señor coleta ahora con nerviosismo. Me doy cuenta de inmediato de que lo que he dicho es un disparate, que es un absurdo y que me pueden acusar por ello. Ya lo dijiste, me digo. Me arrepiento de haber abierto la boca, pero ya está dicho. Me puedo meter en un problema, lo último que me falta. El hombre de la coleta, molesto con la situación, se levanta y va a la barra. En el camino se cruza con el camarero que viene con mi caña. «La comida pónmela para llevar», añado.

Intento no mirar más a este señor. Me es imposible. Lo busco con la mirada. Veo que me mira. Nos sostenemos la vista hasta que dice de nuevo: «No he hablado contigo, eh, estoy en mi mesa, eh». Llega el camarero con la comida, le pago y me levanto. Antes de irme, escupo el piso.

Camino hacia el mar. Nunca antes había vivido un episodio de xenofobia tan grosero. Pero no puedes responder así, me regaño. Porque van a seguir pasando estas escenas. No eres de aquí, no eres de aquí, me repito.

Entro a la arena. Los zapatos se me hunden. Unos africanos, no sabría definir de qué país de ese continente, venden mantas. Pienso que ellos deben haber sufrido escenas aún más desagradables, por el idioma, por la historia de su continente, porque ellos están vendiendo mantas en la arena y yo estoy caminando por ella, disfrutándola. Los miro y me siento un privilegiado. Volteo mi vista al mar un rato. Hay oleaje, nadie se baña. Miro la arena, es horrible. Esto más nunca es arena, esto es tierra, me digo. Tomo en mis manos un puñado, me lo acerco a la cara para examinarlo de cerca y lo vuelvo a derramar. Las manos se me quedan blancas como si las hubiese insertado en un cubo de cal. Hago una mueca de burla con el rostro.

Recuerdo que tengo que ir a Horta a ver el apartamento. Los dueños quedaron en mostrármelo. Subo a un bus que va casi vacío. A mi lado va una señora que tiene una venda en la mano, parece que se ha lesionado. Cuatro paradas después, en la avenida Independencia, suben una pareja de árabes. Pasan y se sientan detrás de mí. El chofer del bus grita algo que no entiendo. El hombre árabe se levanta, camina hacia donde está el chofer. La mujer se queda sentada. El árabe grita, el chofer también. No entiendo lo que está pasando. Me pongo nervioso. La señora, que está a mi lado, le dice al árabe que tiene que pasar su ticket de abordaje, que el bus no es gratis. El árabe mira a la señora y le dice que él lo pasó. El árabe debe decir para sí: quién invitó a esta mujer a la discusión. El chofer dice que todos los días es lo mismo: pasan los dos y solo uno de ustedes pica la tarjeta. Entiendo por fin lo que está pasando. El árabe sigue gritando su alegato de defensa. «Es que no te vamos a regalar el transporte», dice la señora de mi lado. La mujer árabe, que no había dicho ni una palabra y que era una espectadora, dice: «Si fuéramos catalanes esto no hubiera pasado, porque no hubieran dudado de nosotros, no hubieran estado pendiente de nosotros. Pero somos árabes», termina diciendo. Se hace un silencio brutal. Me molesta tanto la situación, estoy tan nervioso, que me bajo del bus a falta de tres paradas del barrio de Horta.

Camino casi dos kilómetros. Llego al nuevo apartamento. Es mucho más amplio que el del argentino. Tiene dos habitaciones, un baño decente, cocina, una salita, un patio pequeño y un balcón chiquito que da a la calle. Es un tercer piso alto, sin elevador, pero estaré más cómodo aquí. Me asomo al balcón y, mirando una terraza que hay enfrente, me acuerdo de la mujer del edificio de la Barceloneta. No la veré más, me digo, como si fuera una conocida. Los dueños del apartamento me comentan qué electrodomésticos faltan en la casa. Una batidora es lo único imprescindible que debo comprar.

Aprovecharé que estoy en el barrio y que un amigo me ha enviado dinero por Western Union para comprar la batidora y dejarla ya en el piso. Voy a una tienda de electrónicos que está a tres cuadras. Estoy sudado, llevo una jaba y una mochila. Tengo que hacerlo obligatoriamente. Y esa exigencia apacigua los temores, la ansiedad.

En la tienda solo están los dos dependientes, un hombre y una mujer que me desnudan con la mirada. Camino buscando las batidoras, que por suerte están en una estantería lejos del mostrador, lo que me permite inspeccionarlas con tranquilidad, sin sentir la vigilancia de los dependientes. Tomo una en mis manos y aparece, como un fantasma, uno de los empleados. «¿Qué desea?», me pregunta. «Esa batidora», le respondo.

El hombre me dice que lo espere en el mostrador y se retira al almacén. La mujer me vuelve a escanear, aunque lo hace ahora con más cuidado, para que no me percate. A los minutos llega el hombre con la batidora. «¿Cómo vas a pagar?», pregunta la mujer. «Con efectivo porque acabo de llegar a la ciudad y no tengo cuenta bancaria», respondo. Ambos se miran sin disimular, ambos ven cómo abro mi billetera y saco un billete de cincuenta euros. Sin tomarlo en sus manos, la mujer me dice que quizás el billete tenga problemas, que es falso. «No digo que sea falso —se justifica—, sino que es raro». No sé qué responder. No entiendo si me están acusando de algo. Tengo el billete en la mano. Los dedos me tiemblan. El hombre y la mujer me miran de frente, sus ojos no parpadean. Se produce un silencio que no sé cómo romper. Tengo que escapar, me digo. Mi boca solo logra articular dos muletillas: pues, bueno.

Voy a guardar el billete sin que haya llegado a las manos de los dependientes, y mis manos sudorosas hacen que la billetera se abra y que caigan al suelo varias monedas. Me agacho como un gato a recogerlas. Suelto en el piso la mochila, la jaba y voy tomando moneda por moneda. Levanto la vista y veo que el hombre y la mujer se vuelven a mirar entre ellos. Se deben decir: «Estábamos en lo cierto». ¿En lo cierto de qué?, me pregunto. No soy un estafador, no soy un ladrón, me digo. Salgo de la tienda sin entender muy bien lo que pasó. A mi espalda se cierran las puertas solas. El hombre y la mujer me siguen mirando.

Estoy exaltado. Quiero caminar para controlar la ansiedad. Aprovecho para conocer el nuevo barrio. Unas cuadras más arriba, afuera de un banco Caixa, encuentro a un árabe durmiendo encima de cartones y sábanas viejas. No sé si el hombre sueña, pero tiene dibujada en la cara una mueca de alegría. Me gustaría ser él.

VIII

Vestido con su uniforme verde olivo del Ministerio del Interior encontré a mi padre en la puerta. No me había avisado que vendría. Antes de entrar dijo: «Tenemos que hablar». Nos sentamos en la sala de la casa rodeados por las fotografías de Camilo Cienfuegos, Ernesto Guevara y Fidel Castro.

Yo vivía desde los once años en esa casa, la de sus padres. Aunque mi abuelo paterno, en realidad, no lo era. Se había casado con mi abuela cuando mi padre tenía cinco años. Lo había criado a él y también a mí. La casa estaba en el barrio El Vedado, en una cuadra donde solo vivía la guardia personal de Fidel Castro, militares, exespías y funcionarios del Gobierno. Era una zona «congelada». Así le llamaban porque nadie podía residir en esa cuadra sin la avenencia del Gobierno. Justo al doblar de la casa de mis abuelos, Fidel Castro tenía una enorme residencia con una piscina y una cancha de baloncesto bajo techo que estaba custodiada por soldados con rifles AKM.

Mi abuelo tenía su casa en esa cuadra porque fue escolta de Fidel Castro y, en otro momento, de Ernesto Guevara, quien fue el padrino de la boda de mis abuelos. De hecho, en la casa estaba el regalo de boda que les hizo el Che: un televisor General Electric de pantalla verde. La casa parecía un museo de la Revolución. Estaba atestada de esos cuadros con fotografías de los líderes de la Revolución, de mi abuelo lanzándose de un tanque de guerra, de mi abuelo jugando béisbol con Castro, en actos militares, de condecoraciones, de medallas.

Durante mi niñez vi montones de veces a Castro. Los niños del barrio jugábamos fútbol o béisbol en un espacio que colindaba con su residencia y, en ocasiones, los guardias nos mandaban a detener los partidos porque Castro entraba con sus tres Mercedes Benz negros. También, cada cuatro años, se acercaba al barrio cuando Cuba celebraba su performance electoral. En esa cuadra ejercía su voto. Después que votaba, salía a hablar con la gente. Mi abuelo y yo íbamos de la mano. Entrábamos al tumulto de la masa enardecida que le vitoreaba «Fiiiidel, Fiiiidel, Fiiiidel», esperando que se acercara al pueblo. Como mi abuelo era un viejo conocido, ya jubilado en ese momento, Castro siempre le preguntaba cómo estaba. Una vez me pasó su mano gigante por mi cabeza y me acarició antes de preguntarle a mi abuelo qué quería ser en la vida su nieto. «Revolucionario y después lo que quiera», respondió mi abuelo. El barrio entero, que rodeaba a Castro, aplaudió la respuesta.

Me sentí orgulloso de esos aplausos. Era un niño que creció, como la mayoría de mi generación, admirando a Castro y a su revolución. Ambos eran lo más grande del mundo. Incluso puedo aseverar que Fidel Castro era más grande que la propia revolución que generó, y eso es lo que ha provocado que se le odie o se le ame en Cuba, o las dos cosas a la vez. Junto a mi abuelo escuchaba todos sus discursos interminables de cinco y seis horas. No entendía ni la mitad de las cosas que hablaba. Fingía que me interesaba aquel señor de barba larga y dedos punzantes delante del micrófono de las tribunas porque veía a mi abuelo inmutable en su sillón de madera.

Mi abuelo era mi persona favorita. Tenía la costumbre de pedirle que me contara anécdotas de Fidel y el Che. Escuchaba anonadado aquellas historias narradas con la épica de los héroes romanos. Yo estaba enamorado de la gesta revolucionaria. Me enorgullecía que mi abuelo hubiese formado parte de ella. Pero mis historias favoritas eran las del inicio de la Revolución. Cuentos íntimos que de niño me resultaban graciosos y que ahora son episodios que muestran el gran narcisista que era Castro. El que más me gustaba era el del juego de béisbol en el campo de caña. En plena zafra azucarera, Fidel Castro se presentó en un central para motivar a los trabajadores. Al llegar, se quitó su uniforme, dejó su torso desnudo, tomó un machete y entró a las siembras de caña. Trabajando, como un campesino más, a Castro se le ocurrió que después de la jornada podrían montar un partido de béisbol. Así fue. Mi abuelo fue el lanzador del equipo de Castro. Estaba cansado y sus lanzamientos al *home* eran manjares que los rivales aprovecharon para ir ganando el partido. Castro pidió tiempo al árbitro, uno de los campesinos, para ir al *box* a hablar con mi abuelo. A la charla se sumó el receptor, otro guardaespaldas. Castro confesó que estaba cansado después de cortar tantas cañas, por el sol, pero si perdían el partido, habría que empezar otro, porque su equipo no podía terminar derrotado. Así que mejor mi abuelo se esforzara un poco más en dominar a los rivales.

Otro cuento que me encantaba de Castro era el de Gabriel García Márquez. El escritor estaba de visita en la isla —luego se quedaría a vivir allí varios años— y Castro lo invitó a pescar. Salieron a altamar de noche en un yate. García Márquez estaba sacando los mejores peces del agua. A la par, hablaban de política, de Cuba, de la Unión Soviética, de literatura. Hasta que Castro hizo silencio porque el escritor tenía ya montones de pescados a su lado. Castro dejó de hablar durante casi una hora. Desde el fondo del yate, mi abuelo y el resto de escoltas miraban la escena sabiendo cuál sería el final de aquella noche. El jefe de mi abuelo esperó que García Márquez fuera al baño. Cuando salió, sin que Castro se percatara, le dijo: «Por favor, deje que el jefe pesque más que usted, porque si no será imposible que este yate regrese a tierra».

Descubrí quién era Castro y qué era esa entelequia a la que llamaban Revolución cubana mucho tiempo después. Fue un proceso. Fui abriendo los ojos de a poco. Crecí en el seno de una familia repleta de militares y militantes comunistas, apegada al romanticismo que evoca el año 1959. Ese tránsito culminó cuando afinqué la mirada para narrar el país: ahí se derrumbó el edificio de creencias en el que vivía. ¿Qué hubiese pensado mi abuelo de mí hoy?

*

Mi abuelo falleció dos años antes de aquel día que mi padre se presentara en casa sin avisar. Frente a la fotografía en la que aparece lanzándose de un tanque de guerra, le pregunté a mi padre qué tan importante era eso que tenía que platicarme. «Es sobre tu hermana», respondió.

Mi hermana mayor le había pedido a mi padre que me persuadiera. Ella era capitana del Ministerio del Interior y tenía problemas en su trabajo «por mi culpa». Su jefe la había sentado delante de una computadora para leerle textos míos. «¿Qué te parece?», le preguntó. Según mi padre, mi hermana hizo silencio. Al ver su reacción, su jefe exclamó: «En la vida hay que ser tajantes, es duro, pero nosotros no podemos tener al enemigo en nuestra casa». Mi hermana siguió en silencio.

Su jefe decidió contarle una historia: en la década de los noventa, cuando comenzó el auge de la prostitución en Cuba como vía de escape a la pobreza, su hermana se prostituyó, por ello, cortó de por vida con ella para cuidar su integridad moral como oficial del Ministerio del Interior. «Tú deberías hacer lo mismo con tu hermano», le aconsejó.

«Ya yo estoy de vuelta, estoy al borde del retiro, pero tu hermana está sentenciada, la estás perjudicando», dijo mi padre con lágrimas en los ojos. Pasó el tiempo y su profecía se cumplió. Mi hermana tuvo que pedir su licenciamiento como oficial del Ministerio del Interior. La trataban como «la hermana de un gusano». Gusano en jerga castrista significa ser un desafecto al Gobierno. A mi hermana no le permitían leer información confidencial ni participar en los planes y estrategias de su trabajo, le negaban el ascenso en el grado militar, la dejaban fuera de los actos políticos.

Los roces con mi hermana no se acabaron con su salida de la vida militar. Su pareja era también oficial del Ministerio del Interior. Participaba en los cumpleaños familiares, en los almuerzos, visitaba la casa de nuestros abuelos —donde yo vivía—. Era un hombre sigiloso, observador. Tuvieron un hijo, mi primer sobrino. Cuando el niño cumplió dos años, a la fiesta llegaron dos hombres que nadie de la familia conocía. Le pregunté a mi hermana quiénes eran. «Amigos del padre de mi hijo», respondió. Los tipos llevaban gafas oscuras y se sentaron al fondo del salón del cumpleaños. Desde allí me observaban. Antes que acabara la fiesta, me fui. Tenía un compromiso. Los hombres se acercaron a mi padre, que ya estaba jubilado, y le notificaron, con pesar, que debía presentarse en un interrogatorio policial «para tratar el tema de su hijo». La vergüenza de los agentes no era por citar a mi padre, un excompañero de causa, en el cumpleaños de un niño, sino porque mi padre había sido su profesor de contrainteligencia en la Universidad del Ministerio del Interior.

Esa cátedra de estudios militares fue el último trabajo de mi padre. Quiso jubilarse porque comenzó a sufrir en su entorno laboral, por idénticos motivos, el mismo *bullying* que padeció mi hermana.

En mi padre jubilado, la Seguridad del Estado vio un potencial interlocutor. A través de él, me mandaban mensajes. Si seguía escribiendo, iba a terminar en la cárcel. Si seguía en *The Washington Post*, nunca iba a salir del país, ni siquiera en 2021. Si dejaba de hacer periodismo, me otorgaban de inmediato mi pasaporte. Mi padre recibía cada uno de esos mensajes en una citación policial, como si fuera un delincuente y no un exoficial.

Dos o tres veces al mes, sin avisar, mi padre tocaba la puerta de mi casa. Cuando lo veía a través de la rendija, sabía que traía un mensaje. Una vez lo noté demasiado callado. Entró y solo pidió agua. Le pregunté: «Qué quieren ahora». Con el vaso en la mano, sudado, dijo: «No quieren nada, vine para que sepas que, por ti, a mi pareja le acaba de pasar lo mismo que a tu madre, a tu hermana y a mí».

Mi madre es abogada. Llevaba más de veinte años como jefa comercial de una empresa del Ministerio del Turismo. Su último día de trabajo sintió demasiados pasos en la oficina contigua. Se levantó de su buró. Caminó hacia el ruido. Encontró una brigada de la Contraloría de la República que, dentro de unos minutos, comenzaría una inspección en su departamento sin que le hubiesen notificado. Eran las primeras horas de la jornada. Los inspectores se fueron del departamento de mi madre en la tarde noche. Al día siguiente, mi madre llegó a su oficina y su jefe la esperaba afuera. Le informó que los inspectores lo habían encontrado todo en orden, pero que, desde la dirección del ministerio, le dieron la encomienda de sacarla de su puesto. Ante los ojos atónitos de mi madre, que no entendía lo que pasaba, su jefe le confesó: «Es por lo de tu hijo».

IX

Horta se parece a Cuba. Salgo a la calle y los vecinos me dan los buenos días, me miran a la cara, me desean que tenga una buena jornada. Nadie sabe quién soy, pero son amables conmigo. Y esa es la mejor sensación que puedo sentir, que puedo agradecer. En este barrio lejos del centro, ya casi en la montaña, se posa menos. No hay tiendas de lujo ni restaurantes caros ni bares para trasnochar, la vida transcurre despacio.

Digo que se parece a Cuba por el transcurso del tiempo. No suceden muchas cosas aquí y, lo que sucede, siempre es lo mismo. Hay una cronología que marca la vida del barrio: la gente va a la misma panadería, al mismo café, al único mercado, al mismo bar, a la plaza, sobre todo a la plaza, a la misma hora. En la plaza encuentro al barrio, es su corazón. La gente conversa alrededor de las palomas y la fuente de agua —con agua—.

Desde que llegué a Horta, ingiero alimentos regularmente, un signo de que estoy mejorando. Incluso estoy probando cosas nuevas que me encantan. Las anchoas, por ejemplo, son una delicia y me vuelven loco. Nunca las había probado en mi vida. Se lo dije una vez a un camarero dominicano de una de las terrazas de la plaza y me regaló una ración extra.

Ver a las personas sin la mochila de la velocidad y el apremio que demanda el centro de Barcelona le da un tono y un ritmo distinto al barrio, y eso se refleja en los viejitos que van con paso lento y bastones, y me saludan y se toman el tiempo para preguntarme de dónde soy y hablarme de Cuba, de lo que quieren a la isla y lo que les encantaría visitarla de nuevo o por primera vez, según quién me tope. Ese ritmo distendido se refleja en el dependiente peruano del café de la esquina donde entrar a tomar un expreso equivale a pasar allí una media hora escuchando sus historias del Perú y de su llegada acá a la ciudad. Ese tono se refleja en el edificio para inmigrantes sin domicilios que está al lado del parque infantil y donde siempre hay africanos, árabes, latinos sentados en sus escaleras con cara de sueño tomando un poco de sol.

Venir a vivir a Horta me ha permitido afincar mis pies por primera vez en tierra catalana. Me urge dejar de resbalar por un tiempo, caminar sobre una superficie que no esté inclinada. Aunque hay una persona que me produce un poco de pánico en el barrio. Es el hombre que duerme en la entrada del banco Caixa. Tiene la cara hinchada, su piel es rojiza, siempre está drogado, alcoholizado, va por la calle gritando mientras lleva enganchado en sus oídos unos audífonos. Habla solo. Ese hombre fue a quien vi durmiendo cuando salí de la tienda de la batidora. Desde que descubrí su existencia, me aparece por todos lados en el barrio. Me da un poco de temor que descubra que lo miro. No quiero que se me acerque a decirme nada. Siempre que me lo cruzo, acelero el paso o me voy de donde estoy.

Sin embargo, me intriga su vida. Me pasa a veces: me percato de la existencia de alguien que transita efímeramente por delante de mis ojos sin que interactuemos y luego no puedo dejar de pensar en esa persona. Qué estará haciendo ahora, cómo le fue ese día que nos vimos, maldecirá su vida anterior, anhelará el pasado, me pregunto. Casi siempre lo que prende esa preocupación es detectar nobleza ajena. Ver en alguien una ingenuidad manifiesta, bondad, y que ese alguien a la vez se muestre endeble o quebrado por la vida, eso me genera una extraña compasión. Este hombre me produce resquemor físico, pero me atrae su aura de persona gentil. Porque me parece, pese a la imagen de desgracia que destila, que está contento y disfruta la vida que tiene.

Me obsesionan las personas sin techo, que deambulan para sobrevivir. No es pornomiseria ni hipocresía ni impostura, es sencillamente que quiero saber cómo llegaron a dormir en las calles, a taparse con tres trapos, a pedir limosnas, cómo han llegado desde tierras tan lejanas hasta acá. Porque la mayoría son africanos, árabes, latinos. Lo que me atrae es su vida anterior, antes de la debacle del presente. Por eso siempre me les quedo mirando aunque no me atreva a preguntarles nada. Porque pienso que hacerlo sería remover demasiado los cimientos de una vida hecha trizas.

La última vez que coincidí con el hombre del banco Caixa fue en la plaza, la semana pasada. Estaba almorzando y lo vi llegar. Tenía hambre, porque quería que le dieran gratis algo de comida en la terraza donde yo estaba sentado. Los dependientes se negaron. «Es que vienes todos los días y el negocio no es nuestro», le dijeron delante de mí cuando acababa de terminar mi almuerzo. Pedí la cuenta y pagué indicándole al camarero que le pusiera una soda y un bocata al hombre.

Después de aquel día, no lo he vuelto a ver, aunque cada vez que salgo a las calles estrechas de Horta, lo busco con la vista. Doblo las esquinas con su imagen en la sien, pensando que en cualquier momento aparecerá su silueta delante de mí. Quizás, pienso en alta voz, lo que me genera este hombre es admiración, por el hecho de aceptar las cosas tal como son, tal como están, en definitiva, el curso de los acontecimientos.

Al menos eso es lo que me dice su semblante, algo que no será de ese modo, por supuesto. Una interpretación que, casi seguro, me estoy inventando para complacerme, para verme reflejado. En un punto, estoy convencido de que estoy proyectándome en este desconocido.

De casualidad, me descubro que estoy a una cuadra del banco Caixa. Levanto la vista y creo divisar, justo en la entrada, un tumulto de personas. Cambio el rumbo que llevo y me acerco. Los cubanos tenemos ese automatismo en el cuerpo: allí donde haya gentío, hay que acudir, pues no se sabe si están regalando algo, si están vendiendo un producto que no abunda o hay rebajas, si hay un famoso o si hay una bronca tumultuaria. Para averiguarlo, hay que presenciarse en el sitio. Eso hago. Al llegar, me topo con varias decenas de personas, con policías y con unas cintas amarillas que rodean la entrada del banco. La imagen parece la escena de un crimen de una serie de televisión de detectives. Fabular aquello me hace deslizar una sonrisa.

Doy unos pasos atrás para levantarme en puntillas y ver mejor. Un esfuerzo inútil porque lo único que diviso son cabezas. Me pongo las manos en la cintura después que han pasado unos cinco minutos, no sé de qué va esta concentración. En la esquina, a unos quince metros de mí, una periodista entrevista a un hombre. Me acerco a ellos sin que se percaten, quiero husmear de qué hablan. Es del periódico *ABC*, lo sé porque su libreta, su bolígrafo y el micrófono de la grabadora llevan esas siglas. Se me estremece el cuerpo cuando escucho a la periodista preguntar: «¿Usted fue el último que lo vio ayer, qué hacía en ese momento Assad?». Assad, quién es Assad, es lo primero que me pregunto. Pero quien sea Assad, si lo vieron por última vez es porque está muerto. Claro, caigo en ese instante, es en efecto una escena de un crimen, tal como imaginé. Me da vergüenza haber fantaseado con ello. Pero mi cabeza no para y sigue relacionando hechos, cuando escucho la respuesta del entrevistado: «Nunca se metía con nadie. La última noche que lo vi estaba tapado con una manta, y me dejó entrar para sacar dinero del cajero automático». El banco Caixa, el cajero automático, un hombre tapado en el suelo.

Termina la entrevista. Prefiero no molestar a la periodista para que siga haciendo su trabajo. En cambio, voy a por el entrevistado. Miro a los ojos al hombre y le digo: «Tremendo, qué fuerte». Es ese tipo de frase vacía que sirve para que la gente te hable sin que sepan que tú no estás al corriente del asunto, que funciona de motor, una carnada. El hombre me mira y muerde el anzuelo: «Muy fuerte... En el fondo era joven, tenía, creo, treinta y nueve años, pero la calle es la calle y tiene esas cosas, como mismo todo es tu casa, dentro de ella te pueden matar... Es duro vivir quince años en la calle, pero eso no hacía a Assad un delincuente. Es verdad que siempre estaba bebiendo, pero era buena persona y, aquí en el barrio, todos lo conocíamos y lo queríamos, él no molestaba a nadie con sus cascos de música y sus gritos».

En ese momento confirmo que Assad es quien yo creo que es y que está muerto. «¿Y se sabe qué le pasó?». El hombre responde: «Lo encontraron con signos de violencia, con varias puñaladas en el cuerpo, delante del cajero, donde siempre estaba». Me congelo. No puedo seguir el diálogo con aquel hombre, que me mira como si hubiese encontrado alguna pista de la muerte de Assad en mi rostro. No puedo balbucear nada. El hombre me sigue mirando. Si este hombre fuera un detective, pienso, ahora mismo yo sería un sospechoso. Por mis gestos, por mi imagen, lo que estoy emanando. Yo sería ese asesino o ese implicado que ha vuelto a la escena del crimen a ver cómo van las cosas y que se mezcla entre los chismosos para pasar desapercibido mientras averigua sobre su propia fechoría. Eso debe pensar este hombre que, al verme en estado de shock, se retira y me deja solo. No le debe pasar por la cabeza de dónde viene mi abatimiento. Y, de hecho, ¿de dónde viene mi abatimiento? No lo sé. Todo es muy confuso. Un hombre que me encontré un día, un hombre que me asustaba, un hombre que buscaba sin saber por qué, un hombre que ahora está muerto, que han apuñalado.

Me siento en una de las terrazas de la plaza. Mientras espero el café, veo pasar un auto que, con sus gomas, escacha una lata de soda que hay derramada en la calle. El sonido a aluminio mordido me recuerda que la última vez que vi a Assad fue en esta misma plaza.

Un día después de la muerte, los vecinos quieren rendirle un homenaje. Delante del cajero automático, donde dormía, han colocado una foto suya en mejor estado del que estaba cuando lo descubrí. Allí le han dejado velas y flores y mensajes de cariño. Frente al banco hay una biblioteca y han abierto un libro para que los vecinos le escriban lo que quieran. Definitivamente era un hombre querido, me digo. Pero también me pregunto a dónde irá a parar un libro de condolencias dedicado a un *homeless*. Me intriga tanto saber si hay algo de pose en este tributo o si es genuino que me llego hasta la biblioteca. No hay nadie firmando el libro, que está cerrado encima de una pequeña mesita. Le pregunto a la recepcionista si ha venido alguien a escribirle algo a Assad. Me dice que solo una niña con su padre, que la niña escribió y su padre no. «¿Puedo escribirle algo?», pregunto. «Por supuesto, ese muchacho paquistaní era parte del barrio», me responde la mujer. «¿Lo conocías?», pregunta. «Sí», miento.

Abro el libro y leo: «Cada día de mi vida te he visto y me dabas miedo, me daban miedo tus gritos, me daba miedo tu aspecto cada vez más deteriorado, me daba miedo tu vida cada vez más triste. No entendía la frase de mi madre: "No hace daño a nadie, solo a sí mismo". Yo solo sentía miedo, ¡miedo de ti! Hoy todo ha cambiado, has desaparecido; en el rincón donde malvivías solo hay gente murmurando sobre tu triste muerte, velas, alguna flor, tu nombre escrito en las paredes… ¡Tu nombre! Hoy ya no me das miedo, hoy tengo miedo de nosotros, y a mis once años solo te puedo decir… ¡Perdónanos, Assad!».

Después de leer ese párrafo no puedo escribir nada. Pero estoy delante del libro, con el bolígrafo en la mano y siento los ojos de la recepcionista sobre mí. La miro y le pregunto si ella ha leído lo que escribió esa niña de once años en el libro. «No», me responde. «¿Y usted lo conocía?», pregunto ahora yo. «De vista, de verlo ahí al frente enrollado en sus mantas en el suelo», contesta la mujer. Se hace un silencio incómodo. Miro a la mujer sin decir nada y ella también me mira sin decir nada. Es tan incómodo el momento que, supongo, la recepcionista se percata de que yo no tengo mucho que escribir o que su presencia me presiona. La mujer atina a dejarme solo y antes de irse me cuenta algo. «Es una historia triste», dice, «hace mucho tiempo él llegó aquí con mujer e hijo, no sé a dónde fue la mujer, pero el hijo tuvo que entregarlo en adopción porque supongo», agrega, «no tenía cómo darle una vida».

X

No entendía por qué comencé a dormir una noche con mi padre y otra con mi madre. Tenía siete años. Mi hermana mayor y yo dejamos de dormir juntos en nuestra habitación. Una noche ella iba a dormir con mi padre al cuarto de ellos y yo me quedaba con mi madre en el nuestro. Al día siguiente cambiábamos. Así, durante toda la semana. Hasta que una tarde mis padres nos dijeron que dejáramos de ver los muñequitos de la televisión y que fuéramos a su habitación. Nos sentamos en la cama. «Tu mamá y yo no podemos seguir viviendo bajo el mismo techo», dijo mi padre con voz seca.

Un rato después me descubrí en un ómnibus atestado de gente, gente sudorosa, triste y hambrienta; gente angustiada de la Cuba de 1995. Una Cuba cuyo Producto Interno Bruto cayó estruendosamente un treinta y seis por ciento, lo que provocó que los cubanos salieran en las noches sin energía eléctrica a cazar gatos en azoteas y callejuelas, y que criaran cerdos y pollos dentro de sus bañeras para no morir de inanición tras del desplome de la Unión de Repúblicas Socialistas Soviéticas (URSS). Estaba sentado en las piernas de mi madre en un asiento con ventanilla, mi hermana iba sola al lado nuestro. Fuera del ómnibus todo era oscuridad. Íbamos cargados de bultos, con bolsos y bolsas de mimbre.

El divorcio de mis padres provocó que nos mudáramos del acomodado barrio de Nuevo Vedado a la marginal Centro

Habana; de casa de mi padre, a casa de mi abuela materna. Mi vida cambió. Pasé de despertarme en la mañana con el trinar de sinsontes y totíes, que se posaban en la ventana de mi cuarto, a abrir los ojos en la madrugada por alguna trifulca callejera o por algún botellazo lanzado contra el edificio. Mi hermana y yo entramos a una escuela nueva, que no tenía ni siquiera patio de recreo. La anterior me encantaba porque tenía un terreno de cemento enorme donde tomábamos la clase de educación física, jugábamos fútbol o hacíamos competencias para ver quién era el niño más rápido del aula. En Centro Habana eso no era posible. El deporte se hacía en plena calle, donde pasaban autos y bicicletas, más bicicletas que autos. Entonces, nos trepaban alineados a la acera, uno al lado de otros como corderitos, y el tiempo se nos iba con las manos en la cintura y moviendo la cabeza y las manos de izquierda a derecha, o viceversa, como si fuéramos niños con problemas motrices.

Lo que más extrañé al principio fueron los dos televisores de casa de mi padre. Había uno en su cuarto y otro en la sala. No había problemas para que cada cual viera lo que se le antojara. En Cuba solo existían dos canales —hoy hay ocho—, por lo que no había mucho para escoger. En las noches mis padres y mi hermana veían la novela y yo, en solitario, me la pasaba viendo las pocas horas de deporte que transmitían. En casa de mi abuela materna vivían siete personas, aunque la cifra podía aumentar o disminuir dependiendo de mis tíos, que iban y regresaban, producto de sus relaciones maritales efímeras, y había un solo televisor, marca Caribe, en blanco y negro. Se imponía el criterio de la mayoría, que nunca era el deporte, porque a mi familia no le interesa. O cuando podía verlo, ya era en las postrimerías de los juegos. No hay nada más irritante en la vida que empezar a ver un partido de béisbol en el octavo inning o un partido de fútbol al minuto setenta y nueve.

La solución que encontré para saciar mis ganas de ver deporte vino de la mano de mi abuelo paterno, el escolta de Fidel Castro y el Che Guevara, que todas las noches iba a buscarme a Centro Habana y me llevaba a su casa. Así podía ver lo que quisiese. Pero a la medianoche, mi abuelo tenía que devolverme a donde mi madre. Un día, de regreso, me preguntó si quería irme a vivir con él. De ese modo, no tendría que estar dando esos viajes a diario. Le respondí que sí. Se lo consultamos a mi madre. «Si es lo que tú deseas, está bien», dijo.

Me fui a vivir con mis abuelos paternos al barrio El Vedado cuando estaba en quinto grado. El mismo día que me mudé, mientras subía las escaleras del edificio, sentí un grito de «goooooool». Le pregunté a mi abuelo la hora y me dijo que eran las 3:30 de la tarde. «Qué raro», le dije, la programación deportiva empieza a las seis de la tarde en la televisión cubana. Cuando llegamos a casa, lo primero que hice fue prender el televisor y, en efecto, me encontré con la lluvia gris y el sonido chillón que inunda las pantallas sin señal. De dónde vino ese grito, me pregunté, y en ese mismo instante, sentí otro «gooooooool».

Le dije a mi abuelo que saldría un momento. Abrí la puerta, bajé las escaleras. Las dos exclamaciones las había sentido cerca, quizás venían del piso de abajo. Toqué uno de los timbres de esa planta. Un hombre abrió la puerta.

—Dime, chama —dijo.

—Es que sentí que alguien estaba viendo un juego de fútbol, pero en mi casa el televisor todavía no tiene señal. ¿Es aquí donde lo están viendo? ¿Es grabado en video? —pregunté.

—Chama, ¿pero quién tú eres?

—Yo soy el nieto del señor que vive arriba, me mudé hoy.

—¿Tu abuelo sabe que estás aquí?

—No, yo le dije que iba a bajar, pero no sabe dónde estoy.

El hombre no dijo nada durante unos segundos. Debió haber visto en mí algo parecido a la desolación. Con cara de lástima dijo que no sabía de qué le hablaba. Cuando me iba a la otra puerta para tocar el timbre y preguntar si era ahí donde estaban viendo el partido de fútbol, escuché un «psssst, pssst».

—Oye, chama, ven. Entra, pero no le puedes decir nada a tu abuelo —dijo.

Mi abuelo era un hombre respetado en el barrio por su pasado militar al lado de los principales dirigentes del país.

—¿Entiendes? ¿Me estás oyendo? —me recalcó el hombre mientras con sus manos me hacía un gesto para que lo siguiera.

Pasamos a la sala de la casa, llegamos al patio y entramos en una habitación medio en penumbras, derruida. En el televisor jugaba el Real Madrid y la Real Sociedad.

—¿Y por qué en mi casa no se ve este juego? —pregunté.

—Chama, mira el partido y no preguntes tanto —me respondió el hombre, que desde ese día pasó a ser mi vecino y luego una especie de padrino de barrio.

Tenía escondida una antena parabólica satelital dentro de un tanque de plástico situado en el patio, cubierto con un nylon negro. En Cuba, todavía hoy, tener antenas parabólicas está penado por la ley. El Gobierno las asume como enemigas del régimen, como veneno ideológico. El diario *Granma* dijo en su momento que los medios extranjeros «se esmeran en tergiversar la realidad cubana con la finalidad de crear confusión, descontento y pesimismo en la población» y que «por las emisiones televisivas ilegalmente distribuidas, llegan a diario mensajes desestabilizadores e injerencistas, ajenos a los valores culturales que dignifican al ser humano», y que el único beneficiario de esto era «el imperio que satisface su apetito de engaño y dominación».

En el cuartucho maltrecho de mi vecino pasé mi niñez y adolescencia. Ahí, en clandestinidad, me volví adicto al fútbol. Me enamoré de los futbolistas brasileños porque mi vecino era un seguidor furibundo del Deportivo de la Coruña y en los gallegos blanquiazules jugaba primero el trío de Bebeto, Donato y Mauro Silva, y más tarde llegó el mago Djalminha. Aunque me gustaban los brasileños del Dépor, niño al fin, decidí hinchar por el club que ganó la Champions el año en que empecé a seguir el fútbol con asiduidad, el Real Madrid. En 1998, después de treinta y dos años sin ganar ese título, un gol de Mijatovic a la Juventus de Turín rompió la sequía de los madridistas. El gol del montenegrino al minuto sesenta y seis del partido no lo vi en vivo. Unos minutos antes subí a casa porque mi vecino me pidió que buscara fósforos para prender una de las hornillas de su cocina para calentar comida. Él tenía una pistolita de gas que se había quedado vacía. Cuando terminé de sacar la quinta cerilla de la cajita en la cocina de mis abuelos y me disponía a regresar al cuartucho de mi vecino, escuché una algarabía. Supe que alguien había anotado.

Aunque mi verdadera afición no era tanto por un equipo como por el fútbol. De lo contrario, no hubiese disfrutado tanto una tarde de 1999 de aquella jugada sublime de Djalminha en el borde del área grande frente al Real Madrid, en Riazor: enredó el balón en su taco derecho y luego se lo pasó, con el zurdo, por encima de la espalda y la testa para superar a los cinco defensores merengues que lo asediaban.

Toda la década de los noventa y los primeros años de la siguiente, tuve que ocultarle a mi abuelo dónde me metía en las tardes a la hora de los partidos, que ocurrían de noche en Europa por las seis horas de diferencia horaria. Había ocasiones en las que en las mañanas amagaba con ir a la escuela y me escondía detrás de la puerta del edificio a esperar a que mis abuelos se fueran a sus trabajos. Cuando ellos pasaban, regresaba y le tocaba la puerta al vecino para ver los noticieros de deportes donde ponían los resúmenes de todos los partidos del día anterior. Era tanto el fanatismo que podía ir solo una vez en toda la semana a la escuela. La secundaria fue mi peor etapa como estudiante, mis notas me costaron no poder optar por la escuela vocacional de La Habana, el experimento de Fidel Castro que buscaba ensamblar alumnos estrellas de bachiller.

Un día de Champions League, a media mañana, le entregué mi mochila a un amigo del aula y le pedí de favor que, cuando le chiflara, saliera al balcón y me tirara mis cosas. No quería salir por la puerta de la escuela y levantar sospechas de fuga. Era mejor salir sin bultos e inventarle cualquier tontería a la recepcionista. Le dije que mi profesora me había mandado al almacén, que estaba en la esquina, a buscar unos libros. Salí, chiflé y capturé en el aire la mochila.

Llegué a casa de mi vecino y me invitó a almorzar. Un rato después empezó la previa del Madrid-Roma y más tarde el partido que se jugó en el estadio olímpico de la capital italiana. Alrededor del minuto catorce, la Roma dominaba y en una contra que manejaba el lateral francés Vincent Candela por la banda izquierda y que se combinaba con el rudo de Tommasi por el centro, la señal empezó parpadear. Pensamos que algún nubarrón estaba impidiendo la recepción de la imagen, pero afuera el sol era inclemente. El parpadeo cesó de pronto. El televisor, que estaba sobre una mesa de madera con rueditas de metal, empezó a moverse de su sitio como en la escena de un filme de terror. El cable de la antena parabólica estaba tenso.

—Abraham, apúrate, dile a mi mamá que te dé una tijera y tráemela rápido, están ahí los singaos esos —dijo mi vecino.

—Quiénes, qué pasa.

—Haz lo que te digo. Busca la tijera.

Salí a la sala, su mamá no estaba. Tomé un cuchillo de la cocina y volví. Mi vecino picó el cable de la antena y me dijo: «Vete, vete, sal de aquí, vete para tu casa que no vamos a poder ver el juego ya». Subí las escaleras y, cuando llegué a casa, me di cuenta de que era muy temprano para fingir un «regreso de la escuela». Tuve que inventarle a mi abuelo que habían quitado la electricidad y nos habían liberado. Me dolía un poco la cabeza, decidí acostarme. A las cinco y cincuenta y cinco de la tarde mi abuelo me despertó.

«Faltan cinco minutos para que empiece el noticiero deportivo», dijo. Pensé en el Madrid-Roma al abrir los ojos, en el marcador del partido. El noticiero deportivo del canal de deportes de la televisión cubana duraba de lunes a viernes veinte y siete minutos. En él era donde únicamente uno se podía informar de manera oficial de lo que pasaba en el deporte fuera de Cuba, en las disciplinas que no intervenían cubanos «traidores». Mi abuelo y yo éramos feligreses de ese noticiero. Después de despertarme, mi abuelo me dio otra información: «Sabes, hace como una hora hubo tremenda bulla en el edificio. Cuando bajé, se llevaban preso al vecino de abajo. Dicen que tenía un aparato ilegal en la casa. Quién lo iba a decir».

Mi vecino pasó siete años en prisión por posesión de una antena parabólica. Cuando lo volví a ver, ya yo había dejado de ser un niño. Me encontraba cumpliendo con el servicio militar obligatorio. Fue duro ese reencuentro. Él era otra persona: más flaco, el sufrimiento clavado en la vista, no hacía chistes, estaba marchito. Nadie merece estar siete años preso por ver televisión. Cumplir una condena así debe virarte la cabeza al revés. Fue bien brusco conmigo el día que nos encontramos. Llegaba a casa y él estaba parado en la puerta del edificio, el estómago me crujió de júbilo. Corrí hacia donde estaba para abrazarlo, con una gran alegría, pero recibí de vuelta una fría reacción.

*

En Cuba, una vez que los hombres alcanzan la mayoría de edad, tienen que ingresar de manera obligatoria a las filas de las Fuerzas Armadas o del Ministerio del Interior para licenciarse del servicio militar. Antes de poder matricularse, los que logran plaza en la universidad sirven catorce meses como reclutas. Los que no acceden a la universidad, cumplen dos años como militares, un castigo elitista del régimen.

Cuba está entre los treinta países del mundo que mantienen el servicio militar obligatorio. De este grupo, Noruega, Suecia, Corea del Norte, Israel y Eritrea incluyen a las mujeres. Las leyes cubanas definen al servicio militar como «una de las vías principales que permiten a los ciudadanos de ambos sexos —es decisión de las mujeres pasarlo o no— cumplir el honroso deber de servir con las armas a la Patria», y exime de su cumplimiento solo a los incapacitados físicos y mentales. Además establece que los ciudadanos hasta los cuarenta y cinco años pertenecen al «Servicio Militar de Reserva», lo que implica que «podrán ser movilizados por un plazo que no exceda el año, en uno o más períodos, durante los cuales se rigen por las leyes y disposiciones vigentes para los militares».

Si en Cuba eres barbero, el dependiente de una tienda, doctor, ingeniero, barrendero o ejerces cualquier otra profesión, y aún tienes menos de cuarenta y cinco años, las Fuerzas Armadas o el Ministerio del Interior pueden tocar a tu puerta y decirte que recojas algo de ropa y artículos de aseo en una mochila para sumarte a algún ejercicio militar «en tiempo de paz para estar preparado ante cualquier ataque del enemigo», y estás obligado a tener que dejar de lado la barbería, la tienda, el hospital, la oficina, la escoba o lo que sea, por ese tiempo.

El sistema de registro militar obliga a los adolescentes a inscribirse en la base de datos desde los dieciséis años hasta los cuarenta y cinco. Hay adolescentes que pasan de rasurarse el rostro por primera vez a la muerte. El servicio militar todos los años roba vidas: decenas de jóvenes mueren por estar expuestos a armas de fuego, por participar en ejercicios de combate de alto riesgo, por la negligencia de sus oficiales al mando.

Orlando Lago Vega servía en la unidad militar Valle Grande cuando discutió con otro recluta. Horas después, a la una de la madrugada, Orlando terminó su turno de guardia en una posta de la unidad y se fue a descansar al albergue. A la una y veinte, el compañero con que había discutido entró al albergue y, con el rifle AKM, que debería utilizar para la guardia, le disparó. Orlando ya estaba dormido. La bala penetró su cuerpo por la zona intercostal y trazó una línea diagonal buscando salida: le atravesó el hígado, un pulmón, el corazón y detuvo su trayectoria al toparse con el hueso del hombro izquierdo. Orlando murió. O casos como el de Dayron Andino León, dieciocho años también, en la unidad de instrucción y prevención de Cienfuegos. Dayron salió de pase, pero no se dirigió a su casa. Junto a unos amigos se subió a un bote para escapar de la isla. Cuando solo les faltaban veinte y cinco de las noventa millas que separan a las costas de Estados Unidos de las de Cuba, la embarcación fue interceptada por una lancha guardacostas estadounidense. El botecillo de madera y sus tripulantes fueron entregados a las autoridades cubanas. A Dayron, por ser un recluta del servicio militar, lo llevaron al hospital militar Luis Díaz Soto para que recibiera atención médica. Dayron en ese momento ya no era un recluta cualquiera, era un recluta que intentó escapar del país y del servicio militar obligatorio. Era un recluta desertor. Las pruebas médicas comprobaron que su salud estaba bien. Sus jefes lo interrogaron con vehemencia en el propio hospital para conocer todos los detalles de la salida ilegal del país. Luego, decidieron presentarlo ante una corte marcial. A la espera del juicio, lo encerraron en un calabozo. La primera madrugada dentro del calabozo, Dayron se ahorcó con la sábana de la cama de la celda.

La alternativa para los jóvenes es tragarse un tornillo, una arandela, una cuchilla, cortarse las venas o fingir un intento de suicidio. Autolesionarse es una de las salidas para escapar de las madrugadas de guardia en la nada con un rifle al hombro, de manejar un tanque de guerra, colocar explosivos a lo largo de un campo o velar por la seguridad de un puesto de mando militar repleto de almacenes con armamentos.

Quienes se autolesionan son sometidos a un peritaje médico, donde se decide, de acuerdo a la gravedad del caso, si pueden continuar en el servicio. En caso de ser declarados no aptos, aun los que hayan sido admitidos para estudiar una carrera universitaria, tienen que esperar lo que les queda de los catorce meses para ingresar a la enseñanza superior.

En julio de 2023 el régimen declaró que los reclutas que se autolesionen con el fin de evadir el cumplimiento del servicio militar serán sancionados por el delito de «evasión de obligaciones». Porque, según las Fuerzas Armadas, se ha registrado un aumento de ese tipo de casos y por ello han tomado la firme decisión de «frenar estos actos». A partir de entonces han sido más severos con el análisis de cada lesión de los reclutas, para detectar aquellas que han sido intencionales.

Las lesiones autoinfligidas no cesarán, porque ningún muchacho de diecisiete o dieciocho años quiere estar vestido con un uniforme verde olivo, bajo el sol, bajo la lluvia, en una posta, en el medio de un campo perdido, con las botas enfangadas, las orejas rodeadas de mosquitos, sudando, con un rifle o un revólver o manejando un tanque de guerra, cuando debería estar estudiando y aprendiendo a vivir.

Recuerdo con escalofrío la cantidad de madrugadas que de 2006 a 2007 abrí los ojos y tenía el cañón metálico y negrísimo de una Beretta 92 apuntándome a los ojos o a la boca. Saltar de un sueño corto y caer ante un revólver era un juego. No hay manera más rápida de perder el sueño que despertar ante la amenaza de un arma de fuego. Uno pasa de la penumbra a la claridad, en ese instante no hay sombras. Nos habían entregado armas y nos habían enseñado a usarlas para custodiar de noche y de día los predios de la Brigada Especial Nacional, aunque fuésemos unos inmaduros, unos muchachitos que solo pensábamos en masturbarnos y poco más. Cada dos días teníamos que hacer turnos de guardia para cubrir las veinte y cuatro horas de una jornada. En esa jornada a cada uno le tocaban tres turnos de tres horas. Los más duros eran los de la madrugada. Costaba trabajo levantar al siguiente compañero para que te relevase. La madrugada está hecha para la fiesta, para dormir, para escribir, pero no para cargar un arma durante horas solo por si acaso alguien intenta entrar a una unidad militar. Por eso, mientras descansábamos, hacíamos lo posible por robarnos algunos minutos de sueño unos a otros. Un minuto era la gloria, así que el que estaba de guardia tenía que ponerse duro con el relevo.

Así surgió el juego de la pistola, que a nadie le gustaba, pero que todos utilizábamos para evitar que otro recluta lograra reducir su turno a costa de uno. Consistía en intentar despertar al relevo una, dos y tres veces como mucho, si a la tercera no se ponía de pie, entonces, desenfundábamos el arma y le apuntábamos. Remedio santo. Si bien sabíamos que un día se podía escapar un disparo, nadie tenía la madurez suficiente para pensar en ello. Lo único que en ese momento pasaba por nuestras cabezas era regresar a la cama y no pasar ni un segundo de más en la guardia. Sin darnos cuenta, la muerte nos acechaba de cerca, nos miraba por una rendija.

La Brigada Especial Nacional es una especie de escuadrón SWAT. Visten de negro, llevan perros pastores alemanes cuando salen a la calle, boinas, pistolas en los costados de las rodillas, en la cintura spray, tonfa y hasta ballestas. Esos superhombres entrenaban y vivían en la parte más confortable de la unidad. Los habían ido reclutando por toda Cuba y eran los encargados de las misiones especiales del país. No salían de aquel lugar a no ser que el suceso lo ameritara. Aquellos tipos parecían fieras indomables, les gustaba pelear, todo el tiempo querían salir a la calle a incrustar contra el suelo a algún criminal, pero en Cuba no pasan cosas tan graves, así que se pasaban casi todo el tiempo encerrados, como en un zoológico.

De vez en cuando, el jefe de la unidad, un general, quería alimentar a sus fieras hambrientas y les enviaba carnada. La carnada éramos nosotros, los reclutas. Les éramos útiles para practicar sus técnicas de judo, de kárate, de boxeo o simplemente para que se oxigenaran jugando fútbol. Aquellos forzudos sabían de todo menos jugar al fútbol. Cuando uno les hacía un túnel o una bicicleta y los dejaba en ridículo, o simplemente pasaban tres minutos sin tocar el balón, se molestaban y se te iban encima, por lo que era mejor tirar la pelota afuera a la banda antes de recibir una patada en la tibia.

«Soldado, levante bien alto la varilla que va a salir la brigada», me ordenaron desde el puesto de mando una noche que estaba de guardia en la posta de entrada. Segundos después vi salir como un bólido a un escuadrón de varias camionetas con los forzudos caras de malos. Fue la única misión que cumplieron en todos los meses que estuve allí.

La noche anterior a la que entré de guardia, dos jóvenes reclutas de mi edad que pasaban el servicio militar en una unidad militar de Managua, periferia de La Habana, asesinaron a un compañero suyo, Yoendris Gutiérrez Hernández, e hirieron a otro para robarles los dos rifles AKM con los que hacían guardia. Los dos reclutas asesinos tomaron las armas de fuego y se dieron a la fuga en la madrugada. Salieron de la unidad y se subieron a un autobús público en el que viajaban varias personas. Sacaron los rifles y secuestraron a los pasajeros, entre los que iba Víctor Ibo Acuña Velázquez, un teniente coronel de las Fuerzas Armadas.

En un momento del pasaje, Acuña intentó evitar el secuestro del autobús y los soldados fugados le respondieron con disparos. Lo mataron. Al chofer le ordenaron dirigirse hacia al aeropuerto internacional José Martí. El autobús rompió una de las cercas perimetrales de la Terminal 2, de la que solo salen vuelos hacia Miami. Entró en la pista de aterrizaje hasta estacionarse a un costado de un avión de Hola Airlines con pasajeros a bordo. Los dos reclutas exigieron abordar al avión y que la tripulación los transportara hasta suelo estadounidense. Los pasajeros salieron de la aeronave para dar paso a la operación. Cuando los dos reclutas subieron, las fuerzas de la Brigada Especial Nacional abrieron fuego. Se produjo una balacera en la que murió uno de los reclutas y el otro quedó herido, apresado.

*

Uno de mis compañeros propuso que nos escapáramos en masa a una discoteca para celebrar que ya estábamos a punto de terminar y que estábamos vivos.

No me quería perder la parranda grupal, pero entraba de guardia en la madrugada siguiente. Me sumé al grupo con la idea de regresar una hora antes de mi turno. Me fui de la discoteca antes que mis compañeros y llegué a tiempo a la unidad. Llegó la hora de salir a la posta, ya de madrugada, y los ojos se me empezaron a cerrar. Estaba exhausto, había tomado demasiado ron.

El ladrido de un perro me despertó. Abrí los ojos de pronto y me dije, carajo, me quedé dormido. Fui a un grifo que había en la hierba para echarme agua en la cara y espabilarme. Cuando caminaba los pocos pasos que separaban el grifo de la posta, me sentí demasiado liviano. Me toqué la cintura y me percaté que me faltaba el zambrán con la Beretta 92 y el spray. Miré el reloj: faltaban diez minutos para el relevo. Me senté en el piso sin saber qué hacer. Estaba perdido. Si pasaban esos diez minutos, tendría que decirle a mi relevo que había perdido el zambrán con las armas. Él se lo tendría que informar a los superiores. Un arma extraviada equivale a cárcel, y, obviamente, mi compañero no iba a pagar por mí.

Todo un año esperando para cagarla al final, me dije. Soy un estúpido, me repetía con las nalgas en el suelo y las manos en la cabeza. Como un demente comencé a buscar en vano por mis alrededores: el zambrán, la pistola y el spray no estaban por todo aquello. Me habían robado todo.

Una silueta difusa, que se me acercaba, fue tomando forma. Las luces fueron pegándole en el cuerpo hasta que dejó de ser una sombra. Era el recluta que estaba de guardia en mi mismo turno en la posición de recorrido. Él también había ido a la discoteca, pero, a diferencia de mí, pudo descansar en algún escondite de la unidad porque su misión era recorrer los interiores. Se me acercaba chiflando, risueño, descansado, sus tres horas habían sido una bicoca.

Su tranquilidad me llenó de ira, aunque no la desenfundé contra él. «Qué te pasa», preguntó. «Ni quieras saber», le respondí antes de agregar: «Iré a prisión, perdí el zambrán». Se sentó a mi lado en el contén de la posta. Sentí que su mano recorrió mi hombro antes de decir: «El zambrán lo tengo yo, te lo guardé porque estabas dormido de pie».

*

Acabé el servicio militar y a las pocas semanas estaba sentado en un aula de la facultad de Comunicación de la Universidad de la Habana para empezar la carrera de Periodismo. Estaba orgulloso de estar donde quería. Entré, caminé hasta el fondo del aula y comencé a observar a quienes iban a ser mis compañeros por cinco años: éramos treinta y cinco alumnos y solo seis no éramos blancos. Vestían a la moda. Hablaban con palabras rebuscadas, no habíamos dado la primera clase aún y ya tenían libretas con los nombres de cada asignatura, libros relacionados con las materias, tenían sobre los pupitres cartucheras con lápices con la punta afilada, bolígrafos, gomas de borrar. Entré a un lugar al que no pertenezco, pensé.

Ese primer día fui a la universidad con el que decidí que sería mi uniforme: un jean azul medio gastado y un pulóver amarillo de cuello. En uno de los bolsillos de atrás del pantalón guardé una libreta y un bolígrafo, porque no tenía sentido ir con una mochila vacía, porque no habían repartido los libros y las libretas del almacén de la facultad.

La diferencia entre los eruditos de las escuelas vocacionales y yo era evidente. No en vano tuve que tomar el atajo del programa «Cadetes insertados» para estar allí junto a ellos. La inmensa mayoría pertenecían a familias intelectuales o acomodadas. Esa diferencia creció mucho más cuando empezaron las clases y todos aquellos chicos levantaban la mano ante las preguntas de los profesores y se ponían de pie para soltar unas intervenciones sublimes sobre temas que yo ni remotamente conocía. Hablaban bonito, con cadencia. Era agradable verlos, escucharlos. Me producía una enorme frustración estar ahí sentado, sin poder levantar la mano, escondiéndome de los profesores para que no notaran mi presencia.

Todos esos chicos habían leído, todos esos chicos sí que tenían la capacidad para ser periodistas. Yo, en cambio, no me había leído ni siquiera un libro en mi vida en ese momento. En mi familia la gente no lee, no tienen ese hábito, no está inculcada esa salvación. En mi familia la mayoría son militares, obreros militantes del Partido Comunista, gente que no tiene muchos más intereses que la propia familia y lo que sucede a su alrededor. Nunca nadie de mi familia me regaló un libro, nunca llegué a casa y vi a alguien tumbado en el sofá o en alguna butaca leyendo.

Me sentía un impostor con mi vocabulario justo, con mi falta de lecturas. Escondía mi desconocimiento, me deslizaba en el pupitre para que la cabeza del compañero de adelante me tapara del profesor.

Muy rápido la gente me detectó. Pasé a ser asumido, en la comidilla de los recesos y en la vida del grupo, como uno de los peores estudiantes. Me trataban como la gente asume a los necesitados: con lástima y rechazo a la vez. Si había un trabajo grupal, rezaban para que no cayera en su equipo. Si la suerte no los acompañaba y estaba en el equipo, hacían el trabajo sin incluirme en el proceso, y luego me apuntaban de último en la lista de integrantes, «para ayudarme», sin haber hecho nada. Si levantaba la mano para decir algo en clase, el aula entera se volteaba hacia mí como si hubiesen visto pasar un cometa. En los seminarios, cuando llegaba mi turno de exponer, nadie atendía, todos hacían cualquier cosa menos mirar hacia el frente. Si el profesor dejaba información digital en la computadora del aula, cuando funcionaba, o a algún estudiante para que se encargase de que llegara al resto luego, ese estudiante nunca se me acercaba porque sabía que no tenía computadora en casa. Yo solo tenía un viejo MP3 averiado, que me regaló una amiga cuando dejó de servirle para escuchar música. No pude sacarle provecho porque no tenía donde volcar la información y porque al poco tiempo se terminó de romper del todo.

Todo eso provocó que al final del primer semestre quisiera dejar la carrera: tenía tres asignaturas suspensas, la diferencia con el resto de los alumnos había aumentado y eso produjo un rechazo a estudiar, a ir a clases, a que me diese vergüenza entregar mis trabajos escritos a mano cuando el resto lo hacía mecanografiado en computadoras. Lo único que me impidió tomar la decisión fue el hecho de que mi padre se había esforzado para que yo alcanzara el sueño de estudiar Periodismo.

*

Cuando mi padre vino a mí con la propuesta del programa Cadetes insertados, le dije que sonaba bien la estrategia de acortar camino, pero que, aun así, tendría por delante el enorme reto de la prueba de aptitud de Periodismo. La prueba constaba de tres pasos. El primero era un examen de cultura general de veinte preguntas al azar. Si aprobabas ibas al segundo examen, donde daban un tema político para desarrollar en un texto. De pasar ese segundo escalón, ibas al último, que era una entrevista con dos periodistas reconocidos del país.

No tenía recursos para afrontar esa prueba, pero mi padre me dijo que sí podía lograrlo. Pidió vacaciones en su cátedra de contrainteligencia militar, me sacó del preuniversitario dos semanas y me llevó a su casa esos días. Se había entrevistado con alumnos de Periodismo para que le dijeran las preguntas más frecuentes que habían salido en los exámenes de años anteriores y para que le dieran material de estudio. Habló con profesores de la facultad para que le recomendaran temas. Organizó todos los periódicos de los últimos seis meses en orden cronológico para que me los leyera uno por uno. Y cada día me acompañó a ver los noticieros de la noche.

Estaba en la carrera de Periodismo por mi padre, sin él hubiese sido imposible. Abandonarla era, de alguna manera, seguir el rumbo de mi familia. Hice un esfuerzo por continuar y logré graduarme. Luego de salir de aquella aula, ninguno de los eruditos de las escuelas vocacionales quiso contar la verdadera Cuba. O se acomodaron dentro del oficialismo o dejaron el periodismo.

XI

«Tengo en las manos lo prometido», me escribe un gran amigo que vive en Madrid. Lo leo en un tren que va a tanta velocidad que tengo un pitido clavado en los oídos.

Nos conocimos en Cuba justo en la época en la que me notificaron que tendría que permanecer encerrado en la isla. En ese entonces, además de escribir en *OnCuba* sobre deportes, hacía de fixer a los periodistas extranjeros. Él trabaja en un periódico que es un referente para mí. Nos hicimos amigos después de desandar La Habana durante casi una semana.

Me prometió que, si alguna vez llegaba a España, me invitaría al Santiago Bernabéu a ver al Real Madrid. Su promesa, las entradas del partido, es lo que dice que tiene en sus manos.

Aprovecharé este viaje para conocer en persona a mi terapeuta, que me sacó de un hueco oscuro. Nuestras consultas eran virtuales, sucedieron gracias al Comité para la Protección de los Periodistas de las Américas (CPJ), a quienes tuve que contactar para que me salvaran. La persecución de la Seguridad del Estado me quebró a tal punto que estaba tirado en una cama sin fuerzas para levantarme. Me habían aniquilado. Arrastraba mi salud mental por el piso y ningún terapeuta en Cuba quería consultarme. Temían represalias por ello.

Una amiga me presta una habitación de su casa en Madrid. «Estoy en la ciudad, podemos vernos cuando usted quiera», le escribo a la terapeuta. Mientras espero su respuesta, salgo a caminar.

Madrid es diferente a Barcelona. Es más intensa. Aquí se siente mucho más a la gente, una ebullición. Es una ciudad vorágine. Palpo una energía contagiosa: las calles están repletas, la gente bebe, grita, está contenta. La primera sensación es que esta ciudad es mucho más amable. Barcelona es una Europa más refinada, más altanera. Madrid es más latina. Barcelona te da la mano. Madrid te abraza. Barcelona es más aristocrática. Madrid es más barrio.

Hablo por teléfono con dos amigos cubanos. No nos vemos desde hace mucho tiempo. Ellos también se exiliaron. Ellos también son periodistas. Ellos entraron a *El Estornudo* en su segunda etapa. Ellos también padecieron la represión. A ellos también los persiguieron. A ellos también los obligaron al destierro. Quiero abrazarlos, ponernos al día. Quiero que me cuenten cómo han procesado su exilio, preguntarles por sus primeros pasos. Ellos dejaron la isla antes que yo. Quedamos en encontrarnos en la Puerta del Sol.

Me da satisfacción controlar Google Maps. Ya coincidimos avatar y yo. Ya camino por encima de los punticos azules que marca el mapa. Una muchacha de unos veinte años me detiene. «Por favor, escúchame», dice. Quiere tomarme mis datos para inscribirme en alguna marca comercial. «No tengo documentos», le explico, «acabo de aterrizar en España». «¿De dónde eres?», me pregunta. «De Cuba», digo. «Pues yo también, mi mamá me trajo con dos años pero más nunca hemos vuelto», dice. Vaya casualidad, pienso, mientras escucho a la muchacha agradecerme por dedicarle esos pocos segundos. La dejo atrás y me volteo: la muchacha intenta detener a alguien dentro de un alud de personas que le pasan por sus costados sin inmutarse.

Me impresiona la cantidad de personas que hay en Sol. Esta masa me hace recordar mi niñez: cuando me llevaban al Malecón de La Habana a marchar y a gritar consignas patrióticas acartonadas por la conmemoración de alguna efeméride o por algún delirio de Fidel Castro. Mis amigos me avisan que están en el centro de la plaza. Me voy abriendo paso. Aparto a un Mickey Mouse y a un Buzz Lightyear de mi tamaño. Encuentro a mis amigos. Nos abrazamos.

Mis amigos están bien, se les nota a gusto. Damos un paseo: me enseñan el centro de Madrid, sus callejuelas, algunos bares donde tomamos unas copas, donde me enseñan algunos platos que dan por sentado que no conozco, por ejemplo, unas tapas de alcachofas. Hablamos de Cuba. Yo la acabo de dejar, ya no es el país que ellos abandonaron. El país cambia, para peor, a una velocidad desorbitada. La conversación me incomoda. Siento odio por mi país. Tengo aún heridas en carne viva. Necesito sanarlas. Distancia. Todo lo contrario a lo que veo en mis amigos y en mucha gente que sale del país: mientras más se alejan, más quieren sentirla. Debe ser inevitable esa añoranza. Pero yo no estoy en ese punto. No quiero saber de Cuba.

«Ya podemos vernos», me escribe mi terapeuta. Decidimos un café donde encontrarnos. Llego unos minutos antes. La reconozco cuando le falta una media cuadra, a la distancia. La imagen de mi terapeuta, que me salía en la pantalla de mi teléfono, es distinta a la persona que camina ahora. La del teléfono era una señora más desdoblada. La que camina es una señora, a primera vista, más rígida. Nos damos un gran abrazo que me estremece.

Hay frío. Ambos pedimos chocolate caliente. Le cuento cómo estoy llevando el aterrizaje. Mi desesperación por extirpar de mi cuerpo esta ansiedad que me carcome. Los ataques, me aclara, mi crisis en general, permanecerá un tiempo más. Me explica que mi cuerpo ha sufrido mucho, que está frágil, que, cada vez que algo me inquiete, brotarán todas esas sensaciones insoportables, que debo ir con calma, darme tiempo para recuperarme, que es un proceso, una maratón, no una carrera de velocidad y que, al final, claro que sí, llegaré a la meta. Un rayo de sol se clava en uno de mis ojos. Me recuerda las consultas en La Habana. Tenía que subirme a la azotea para tener una mejor conexión a internet, para que la imagen y el sonido de la doctora no se congelaran. Después de un rato, nos despedimos con otro abrazo apretado.

*

No me creo que esté aquí. Hace mucho frío, el Bernabéu todavía está en obras, el rival (el Alavés) es el último clasificado de la liga, pero siento euforia y agradecimiento. Pierdo la voz gritando los goles, las jugadas, celebrando con mi amigo.

En el tiempo de descanso, bajamos unos escalones del graderío. Nos hacemos una selfi cerca del terreno. Inmortalizamos la noche. Mi amigo va al baño. Decido, con ganas de orinar, quedarme en la butaca. No quiero perderme ni siquiera el calentamiento de los jugadores suplentes, la labor de los trabajadores que se ocupan del césped con unos instrumentos que parecen varas de pescar, los gestos de los aficionados que se desesperan por el arranque de la segunda parte. Disfruto hasta los chorros de agua que salen del césped y, antes de volver a caer en él, dibujan en el aire unos arcos. Parece un espectáculo circense.

Escucho a una chica decirme *excuse me*. Quiere pasar hacia su butaca que está en mi misma fila de asientos. La acompañan dos chicos. Los dejo pasar. El último de los chicos lleva una camiseta sin número en la espalda del Deportivo de la Coruña. Caigo en el cuartucho de mi vecino en Cuba. Me viene un *reel* de recuerdos de las tardes en ese lugar. Busco en mi teléfono el contacto de mi vecino. No lo tengo. Grabo durante quince segundos los jugadores que están saliendo del túnel de los vestuarios hacia la cancha. Grabo en una nota de voz el ambiente de las gradas. Los dos archivos se los envío a través de Facebook a otro vecino del barrio. Le pido que, si se encuentra al vecino de los bajos de mi casa de El Vedado, se los muestre de mi parte. El Real Madrid gana el partido tres goles a cero.

Al otro día camino de casa de mi amiga a la estación de trenes. En la calle hay bulla. Es una manifestación de la izquierda madrileña, que protesta contra los recortes sanitarios del Gobierno autonómico del Partido Popular. Detengo mi maleta de rueditas y me siento sobre ella como si estuviese dentro de un teatro. Quiero ver cómo son las manifestaciones. Nunca he visto una. Increíble, me sorprendo, los policías no reprimen, custodian a los manifestantes. La gente grita libre, llevan carteles. Hay padres y madres con niños pequeños, ancianos. Hay hasta una banda musical. La gente baila. Es feliz expresándose.

XII

Mis problemas de salud mental explotaron cuando dejé *El Estornudo*. Estaban agazapados, esperando una mínima señal para salir de su escondite y apresarme. Venía trastabillando desde hacía un tiempo.

El país se caía a pedazos. El acoso del Gobierno se hizo más intenso. No solo me despedazaba a mí, sino a todo el que estuviera cerca, y esa carga también recaía sobre mi conciencia. Casi todos mis amigos se habían marchado. La soledad me asfixiaba. Me invitaban a congresos, talleres, festivales, conferencias en el extranjero y el Gobierno me impedía salir del país. Estaba quebrado y estancado. Vivía dentro de un perenne estado de frustración. No tenía cabeza para coordinar una revista donde la mayor parte del equipo estaba en el extranjero. No tenía la capacidad de entregarle el cien por ciento al proyecto. Decidí salir y tomar un aire.

La idea era soltar estrés, cargar pilas y volver a la carga. No pudo ser. Bajé tanto las revoluciones de mi cuerpo que fui de cien a cero. Ese frenazo en seco me lanzó al abismo. Caí en la mayor depresión de mi vida. Pasé semanas en cama, sin poder levantarme, sin poder hacer nada. Mi cuerpo estaba amarrado. Lo más que lograba era levantarme e ir a la butaca de la sala o al balcón. No quería hablar con nadie, todo me incomodaba, odiaba el mundo, me odiaba a mí. Intentaba sacarme de ese hueco leyendo o poniendo una película y tenía que abandonarlas porque mi cabeza estaba en blanco. La gente me hablaba y yo no estaba presente. Me había ido a alguna otra parte aunque mi cuerpo estuviese presente. Una tristeza enorme me raptó y me absorbió por completo. Comenzaron los ataques de ansiedad: el dolor clavado en el pecho, las ganas de salir corriendo y gritar, de golpear las paredes, de golpear a alguien, un malestar incontenible. De pronto me descubría llorando. Lloraba sin saber por qué.

Para rematar mi estado, el virus covid-19 generó un caos en el mundo. Un día escribí:

> Y, para colmo, hoy amaneció gris. No hay nubes. El cielo es un brochazo mal dado. Hay frío. El frío para los cubanos es cualquier cosa menor a los veinte grados Celsius. Cuando eso pasa, la gente desempolva sus abrigos, sus bufandas y hay quien hasta se pone guante y gorro. Es la época más esperada del año para mucha gente, porque nos tocan muy pocos días así. El resto del año hay un calor insoportable, asfixiante. Creí escuchar en alguno de los noticieros que la sensación térmica hoy será de dieciséis grados y quizás por eso titirito y saco de la gaveta mi abrigo. Yo no espero estos días, me da lo mismo. Tengo un único abrigo. Es una enguatada azul que hace años me regaló mi madre. Me queda corta por detrás y no me gusta, porque se me hiela la espalda baja y todo el tiempo tengo que estar estirándomela.
>
> Me asomo al balcón y la vida afuera está como la dejé ayer. Las pocas personas que caminan lo hacen despacio, como si no quisieran ir a donde van. Los autos están parqueados en sus mismos lugares de ayer. Casi no hay tráfico. No tengo dónde posar la vista, nada me llama la atención. Aunque en la acera de enfrente, en las raíces de un árbol, veo un gato blanco con las patas negras. Parece una estatua, no

se mueve. Me pregunto si no tendrá frío. Tengo las manos metidas en los bolsillos de la enguatada. El aire me pega en el rostro. Decido entrar.

Atravieso todo el apartamento y llego al comedor. Abro la laptop, me siento delante. Debo tener los hombros caídos, la mirada cansada, el cuerpo muerto. Me siento así. Reviso el *mail* y le respondo respetuosamente a unos colegas argentinos que me han invitado a una charla online. Les digo que sí, pero quisiera decirles que no. No porque no me interese el tema, todo lo contrario, sino porque ya son demasiadas charlas en los últimos meses, como nunca antes, y yo no tengo tanto que decir y no me gusta repetirme. También les digo que sí por puro automatismo, por dejarme llevar. Desde que empezó la pandemia y todos nos encerramos, entendí que había que dejarse llevar. Me dije que hasta que supiéramos bien cómo íbamos a afrontar esto que nunca habíamos vivido, había que entonces relajar el cuerpo y dejarse caer a donde fuese que nos llevara el cauce de este tiempo. Pero el tema es que ha pasado un año ya y estamos en el mismo lugar, y el cuerpo, de estar tan relajado, se ha puesto demasiado frágil, o demasiado rígido, por la inactividad, ya ni sé; la cuestión es que estoy sintiendo los estragos de todo este tiempo. Siento que estamos atrapados en una urna de cristal, momificados, y no tengo ganas de nada.

Todos los días trabajo a trompicones, obligándome. Mejor dicho, cuando trabajo, lo hago llevándome a rastra. Porque todos los días lucho contra mí mismo, contra mis ganas de no hacer nada, de no levantar un dedo, incluso, contra las ganas de comunicarme. Hay días en que no quiero hablar con nadie, en los que uso la menor cantidad de palabras, en los que huyo por toda la casa para estar solo, en los que dejo a la gente que me escribe por trabajo o por amistad «en visto» porque no tengo fuerza ni ánimo para interactuar. Hoy es un día de esos y, después de revisar el *mail* y las redes sociales y leer algunas noticias, me desconecto de internet, supuestamente para terminar de escribir un texto que debí entregar hace dos semanas. Abro el Word, donde ya tengo garabateadas algunas ideas, y me quedo mirándolo. Miro la pantalla que está en blanco, el cursor que parpadea, la hora. Me pierdo. Regreso, sin haberme movido del lugar, unos veinte y tanto minutos después con todo en el mismo sitio: el Word en blanco, el cursor que parpadea. No puedo, me digo. No tiene sentido obligarme, me refuerzo, y me levanto y recorro de nuevo todo el apartamento, ahora hacia adelante, hacia el balcón, con las manos en los bolsillos del abrigo.

Me asomo al balcón y afuera todo está idéntico. Me acuerdo del gato, lo busco, pero ya no está. A dónde se habrá ido. Me digo que tengo que concentrarme, que no es la pandemia, el encierro, que soy yo, que siempre me pasa, que me cuesta encontrar el *mood* para escribir porque una vez entro en él, todo se va de corrido. «Es eso, es eso», me repito insistentemente.

Me meto a la habitación. Iba de vuelta al comedor, donde está mi laptop, pero me descubro en la habitación. Estoy buscando la inspiración, me miento. Enciendo el televisor para ver qué están pasando en el canal de deporte. A esa hora de la mañana, trasmiten un partido de la NBA de una semana atrás. Esto me hará bien, pienso. Mentira. Minutos después estoy pensando cómo salir de este embrollo mental y me pregunto si seré yo el único en esta situación o esto le está pasando a todos o, al menos, si le pasa a la mayoría de la gente. Un laberinto del que quiero salir mientras los Warriors y los Clippers corren toda la cancha. Me percato de que está jugando Stephen Curry. Este año no lo había visto jugar.

En ese instante lanza de a tres y falla. Está fuera de sí, como yo, se me ocurre pensar. El partido se acaba; ni siquiera me había percatado de que estaba en los segundos finales. Apago el televisor, me acuesto en la cama y tomo de la mesita de noche el libro que estoy leyendo. Creo que llevo un mes con él y voy por la página sesenta y cuatro. Quizás leyendo me inspiro, me digo. Cuatro o cinco párrafos después desisto. Leía pensando en qué almorzar.

Después del almuerzo, me siento en el butacón de la sala. Me quedo ahí clavado varias horas sin pensar en nada. A esto le falta mucho aún, me digo. Es una idea que repito como un loro: que falta mucho, que nadie sabe cuánto, que hay que ser consecuente con esa idea y dejar de exigirse tanto. Una idea terrible, que me da mucho miedo, porque siento que estoy ya al límite. Pero una idea que me he propuesto asumir desde lo inevitable, como uno enfrenta la muerte.

Me visto de ejercicios. Cojo una cuerda de saltar, una bocina portátil pequeña y subo a la azotea. Desde arriba, la ciudad parece un cementerio. Comienzo a mover el torso para calentar el cuerpo y engancho la bocina a mi teléfono. Lo primero que escucho es «Anthem» de Leonard Cohen. El *There is a crack, a crack in everything. / That's how the light gets in*, me quita las ganas de sudar.

En ese momento todo estaba patas arriba. Necesitaba ayuda profesional para salir de esa situación que me desbordaba. Encontré un psicólogo. Las terapias llegaron a su fin el día que el noticiero de la televisión publicó las imágenes del interrogatorio que filmó la Seguridad del Estado. El psicólogo me confesó que, de seguir consultándome, perdería su trabajo y lo interrogarían también a él. No quería volverse una no persona como yo.

Intenté encontrar otros terapeutas, pero todos se negaron por la misma razón. Tampoco podía desahogarme con amigos, los pocos que quedaban en la isla no se me podían acercar. Tres lo intentaron.

Al primero, la Seguridad del Estado lo citó a un interrogatorio en las afueras de la ciudad. Lo acusaron de ser una fuente de información mía. Él trabajaba en una agencia de noticias del Gobierno. Tomaron su teléfono móvil para requisarlo. Revisaron delante de sus ojos su correspondencia conmigo. Lo que le sucedió me lo contó un día que pasé por delante de su trabajo, que quedaba a unas cuadras de mi casa. Me vio pasar, esperó a que avanzara unos metros. Cuando estábamos lo suficientemente lejos de la entrada de la agencia, me empujó hacia unas columnas. No quería que sus compañeros de trabajo lo vieran conmigo. «Mejor no escribirnos durante un tiempo», me sugirió.

Al segundo, por *retwittear* unas líneas mías, le rebajaron la mitad de su sueldo y le recortaron la cuota de internet del canal de televisión del Gobierno donde trabajaba.

Al tercero, un vecino del barrio, lo interrogaron en una estación policial. Allí le propusieron un canje. Si informaba a diario todo lo que supiera de mí, lo ayudarían a crecer en su carrera como realizador audiovisual. Mi vecino se negó. Dos meses después, lo volvieron a citar. En la estación policial, antes del interrogatorio, lo metieron cuarenta minutos en un calabozo. «Si no colaboras, te seguiremos citando», le dijeron. Decidí dejarlo de ver para protegerlo.

Mi interacción se redujo a mi familia y mi ingenio. Salía a la calle, apelando al azar, con la intención de toparme gente desconocida con la cual pudiera hablar un rato. Subía a taxis, ómnibus, sin rumbo, con el objetivo de forzar diálogos. Al regreso, me sentaba en el Malecón a contemplar el mar. Alguna vez me descubrí hablándome a mí mismo.

XIII

Llevo casi cuatro años escribiendo mi primer libro. Creo que lo llamaré *La isla oculta*. Mientras estaba encerrado en Cuba, se me ocurrió que podía contar ese tiempo. Colocar una cámara, apretar el botón *on* y grabar lo que pasara por delante. Ahora que salí, el editor quiere que le añada al libro un epílogo donde cuente mis primeras sensaciones fuera de Cuba. Acabo de garabatear algunas:

> Estoy mejor. Lo sé porque por fin tuve valor de entrar en una tienda para comprarme ropa de invierno. Porque ya entro a los mercados y las montañas de productos ya no me abruman tanto. Porque me sé mover decentemente en el metro. Es un gran avance. Con eso tengo por ahora, no pido más. La mejoría en el cuerpo y en la mente la noté cuando un amigo catalán me invitó a jugar fútbol de noche. No es un dato menor lo de la noche: fue la primera vez en mi vida que jugué fútbol de noche. En Cuba, como los terrenos y las áreas donde uno puede hacer deportes no tienen luces eléctricas, siempre se juega antes que anochezca. Aunque de adolescente muchas veces nos quedábamos jugando hasta que no se viera nada. Ahora me pasó todo lo contrario: había tanta iluminación que cuando la jugada iba por la banda contraria o el balón se elevaba al aire, tenía que hacerme una visera con una mano como si estuviera en

una playa con el sol de frente, porque se me encandilaban los ojos. Un par de veces el balón viajó hacia mí despejado por el portero, tuve que fingir que no llegaba al pase. Tenía miedo a no medir bien y no recibirlo correctamente —si hay un gesto en el fútbol que delata la calidad de cada quien, ese es recibir bien o mal una pelota que cae de una altura pronunciada— o, en el peor de los casos, que me cayera en plena cabeza. Antes del partido, mi amigo me advirtió que lo mejor era que calzara botines multitacos. Con ellos no resbalaría en el césped sintético, donde tampoco había jugado nunca. Imaginaba que eran un calzado al que se le quitaban y se le ponían los taquitos de la suela para que fuera funcional a cualquier tipo de cancha: césped, cemento, madera. Pero no. A la tienda de deportes que fui, me dijeron que multitacos significaba otra cosa. Eran botines repletos de taquitos pequeños para césped sintético. Cuando llegué a la cancha, lo primero que hice fue cerciorarme de pisar bien y de saber correr con aquellas botas de fútbol. Calenté un buen rato como quien está aprendiendo a montar patines. Haciendo carreritas de calentamiento le pregunté a uno de los compañeros de equipo, si es normal, más allá de los mensajes publicitarios de las marcas, que las propias tiendas te inviten, sin tapujos, al consumo compulsivo. En la tienda donde compré las botas, había un cartel que decía: «Bienvenido, aquí se satisface el síndrome de la compulsión». Leer aquello me pareció demasiado, aun viniendo del capitalismo. Fue como asistir al *statement* del mundo que estoy descubriendo. Tenía claro que en el mundo todo está montado sobre la base del consumo, pero no imaginé encontrarme con un mensaje tan literal. Mi inocencia me hacía pensar que este tipo de intenciones, al menos, se escondían un poco. Desde que me topé con ese cartel, no he dejado de pensar en la lógica del capital que convierte a las personas —y por supuesto que no estoy descubriendo el agua fría con esto— en depredadores compulsivos. Esa ruleta para hacerte comprar y comprar y comprar más, la vi con mucha nitidez el día que compré la ropa de invierno. Era una tienda enorme diseñada para no encontrar las salidas. Pasé más tiempo buscando cómo subir y bajar de piso que probándome ropa. Decidí lo que quería para evitar seguir viendo ofertas. Y cuando me dispuse a abandonar aquel laberinto, no dejaba de cruzarme con más productos que me invitaban a seguir en aquel lugar. Desde entonces me he obsesionado con el tema. ¿Cómo se sostiene esta maquinaria? Cada vez que paso por una panadería o una dulcería, me intriga saber qué tiempo duran en exposición —entiéndase *venta*— esa cantidad de panes y de dulces incapaz de consumirse. He preguntado a los dueños de algunas y me han dicho que por ley solo los pueden tener a la venta veinte y cuatro horas después de salir del proceso de cocción. Pasado ese tiempo los tiran a la basura. En Barcelona, desde hace par de años, están intentando que todo ese producto que se desecha vaya a centros de ayuda social. Afuera de una panadería cercana al apartamento de Horta, siempre encuentro una señora arrinconada en la acera. Tiene un cartón escrito con un plumón verde que dice: «Dios no me quiere porque no me ayuda, ayúdame tú con algo de comida». Hace unos días llegaba a casa y pasé por el costado de la señora. Estaba dormida encima de un manojo de trapos con los que se tapaba del frío. A unos metros de ella, un señor, con un delantal y un gorro blanco, echaba a la basura dos bandejas repletas de croissants.

Escribo tenso. No me sale natural el epílogo del libro. Siento la escritura forzada. Lo hago por el compromiso con la editorial.

Hay días en los que pienso que no escribiré más. Perdí la fuerza. Quizás debo valorar dedicarme a otra cosa.

La duda la refuerza la proposición de un librero venezolano: buscan personas para trabajar en su librería. Es una buena opción, me digo. Ser librero es más interesante que chapear jardines, el trabajo que me ofreció un amigo de la universidad que lleva diez años en Barcelona. «No pagan el mejor de los salarios», dijo mi amigo, «pero alcanza para tomar unas cañas y salir a bailar». Mi amigo quiere ficharme como su tándem de chapeo. Quiere ayudarme a encontrar trabajo sin que yo se lo haya pedido. No solo él, me pasa con todos los amigos migrantes. Entienden que si acabas de llegar nuevo a un sitio, buscas trabajo. Incluso los que no te conocen te ofrecen ese servicio de ayuda. Como esta señora dominicana que aquí, en el elevador del metro de Horta, me dice una frase de camiseta: «Cuando hay trabajo, no hay vaina que valga».

XIV

Habíamos tejido toda la jugada perfectamente, pero sabíamos que no se iba a concretar la ocasión. Siempre es así en estas escenas, ¿no? Corría el último minuto, sacaron de banda, triangularon el balón en el centro del campo, abrieron para el habilidoso extremo, un quite, dos, una pared, hasta que logró lanzar un centro con todo el empeine de su pie derecho, bien cerca del banderín de córner. Estábamos volcados al ataque, era a matar o a morir, no quedaba de otra. El partido languidecía y a esa altura nadie respetaba sus posiciones en el terreno, lo único que importaba era, como sea, llevar el balón hasta la meta rival. Yo, que era uno de los defensas centrales, seguí en paralelo toda la jugada. Atravesé el medio del campo en una cabalgata sin mirar siquiera lo que ocurría en el costado. Si perdíamos la posesión, el árbitro pitaría el final. «Tírala, tírala», grité con la mano derecha en alto cuando el extremo recibió de vuelta la pared en solitario. Observé cómo su taco derecho cortó algo de césped cuando le pegó al balón con rosca, pequeñas virutas de hierbas verdes se levantaron y cayeron sobre su cuerpo sudado. El balón sobrevoló a los defensores y, en el borde del aérea, sin dejarlo picar, lo empalmé como venía con un acrobático golpeo sin moverme de lugar. En cámara lenta vi alejarse el balón de mi pie en dirección a la escuadra izquierda del arco y estrellarse contra la cruceta del ángulo. Al unísono, todos nos desplomamos en el césped cuando uno de los defensores rivales despejó con un balonazo al aire y segundos después sentimos el silbato del árbitro.

El sueño no me dio demasiados detalles sobre aquel partido. Solo conocía la locación: el viejo estadio universitario de La Habana. Mis compañeros de equipo y las camisetas que vestíamos me eran desconocidos. Caminé con el pecho apretado hacia el banquillo, pero antes de llegar, levanté la vista hacia la grada y, entre la multitud que brincaba y celebraba, divisé sentada a mi abuela paterna, inmutable, de piernas cruzadas. Me miraba fijo, sus ojos eran un látigo. Tenía en sus manos una pequeña banderita de papel en un palo de madera. Los colores eran los del equipo contrario. Nos sostuvimos la mirada durante largos segundos, ella no parpadeó, su rostro era una escultura de mármol. Le guiñé un ojo, la saludé con la mano. Nada. En el vestuario me senté en el suelo, mis desconocidos compañeros de equipo pasaban por mi costado y me daban palmaditas en el hombro, en la espalda, me acariciaban la cabeza. «Pa la otra será», me decían. Mientras me desvestía, alguien que estaba a mi lado me clavó el codo en las costillas y me dijo: «Te buscan». Ahí estaba de nuevo mi abuela. Seguía sin hablar, mirándome con frialdad. Me percaté que la mano que sostenía la banderita de papel apretaba hasta más no poder la madera del agarre. De pronto, nos quedamos solos, ella y yo, ella de pie y yo sentado, ella en silencio y yo preguntando: «¿Estás bien, estás bien?, solo dime, por favor». Sin responderme, dio la espalda y se largó arrastrando por el suelo un largo vestido color aceituna.

Desperté con el cuerpo empapado. Dejé los ojos abiertos y poco a poco los objetos de la habitación fueron recuperando sus formas en la oscuridad. Me quité de encima la sábana y busqué en la mesita de noche el teléfono móvil para saber la hora. Eran las 2:47 a. m. ¿Qué significaba este sueño? ¿Mi abuela estaba bien? ¿Quería decirme algo esto? Hacía semanas que no la veía. Quise llamarla. Segundos después deseché la idea. Recordé la triste última conversación que tuvimos.

«¿Por qué almorzaste si te dije que te iba a hacer las papas fritas con huevo? Bueno, ahí están las papas por si te las quieres comer de todas formas. Has subido de peso, eh. Te veo más gordo. ¿Ahora se usan esas medias altas de colores con short? ¿Cuándo te vas a pelar y a afeitar? ¿A tu novia le gusta esa pelambre y esa barba? ¿Eh? ¿Ella no te dice nada por andar así? ¿Cómo es que se llama ella, que siempre se me olvida? ¿Qué es lo que hace? Esa muchacha te tiene preso, desde que te conoció, ni te suelta. Por suerte pasaste hoy porque quería hablar contigo. ¿En qué tú andas? Pero qué revistas, qué periódicos son esos. ¿De afuera? ¿Americanos? ¿Pero tú estás loco? ¿Pero cómo? ¿Una revista cubana hecha por amigos que se llama así? Sabes muy bien que en Cuba nadie puede tener una revista propia, eso no es posible, es ilegal, aquí todas las revistas son del Estado. Niño, no he querido ni siquiera decírselo a tu padre porque le va a dar un infarto como mismo por poco me dio a mí cuando me enteré. Ah, él lo sabía, y qué dice. Por supuesto que tampoco puede estar de acuerdo. ¡Por Dios! Es que no se trata solamente de tu vida, es la de todos nosotros, la reputación de la familia. Abraham: ¿tú crees que así te van a dejar salir del país algún día? ¿Tú crees que todavía eres un niño, que la vida es un bonche, que estás en la secundaria? ¿Qué pensaría tu abuelo de todo esto? Discúlpame, es que estoy muy nerviosa, llevo días así, sin dormir, con la presión alta. Desde que Rolando me llamó y me lo dijo, no he podido estarme quieta. Dice Rolando que escribes contra el Gobierno y que lo criticas durísimo. Dice que te has vuelto casi contrarrevolucionario. Dice Rolando que puedes ir preso por eso. No, no, no me digas que eso no existe, que sí existe, claro que los contrarrevolucionarios existen, claro que la Revolución existe y que los que la critican son contrarrevolucionarios. Rolando dice que tienes salvación aún porque eres joven, por suerte él siempre fue amigo de tu abuelo y vino a avisarme. ¿Cómo que no me ponga así? Sí, por favor, tráeme un vaso de agua. Ya, ya, va pasando. ¿Me prometes algo? Prométeme que vas a parar. Mira, solo hasta que yo me muera, a mí no me queda mucho. Ya tengo ochenta y tres años y estoy llena de achaques. Pero es que no puedo, no puedo con la idea de que seas tú un contrarrevolucionario. No me cabe en la cabeza esa idea. ¿De dónde has sacado eso? ¿Te están pagando para escribir esas cosas en contra del Gobierno? ¿Eh? No entiendo, no entiendo, cómo me va a pasar esto a mí. Sí, tráeme otro vaso de agua. Siempre fue así, de verdad, los americanos siempre han buscado separar a las familias, crear estas divisiones, por eso le apuntan a los más jóvenes. Tu abuelo siempre estuvo claro con eso, él siempre me lo decía. Ellos le apuntan a los más jóvenes porque son los que no saben lo que ha costado levantar esta Revolución, no saben el sacrificio que ha sido enfrentarse a los Estados Unidos y vencerlos siendo una islita. ¿Te parece justo, Abraham? Que nos hagas esto a tu familia, a tu abuelo que está descansando en su tumba, ni siquiera a mí, a tu abuelo que era quien más te quería. ¿Te parece justo? ¿Eh? ¿Dime? ¿Vas a pasarle por arriba a todo? Es hasta increíble que estemos hablando de esto y ahí estén Fidel, Camilo, el Che mirándonos desde esos cuadros en la pared. Ellos no están ahí colgados por gusto. Esta casa es de revolucionarios, Abraham. Esta familia es de revolucionarios, Abraham. Por aquí pasó el Che, Fidel, todo el mundo, cómo tú te vas a virar ahora. ¿Ah, sí? Es increíble lo que yo estoy oyendo. ¿Desde cuándo un periodista crítica a su Gobierno?

Eso es cosa de gente baja, esa no es la educación que aquí se te dio ¿Desde cuándo contar las cosas malas es periodismo? ¿Por qué no lo cuentas en el periódico *Granma* y no en esas revisticas y esos periodicuchos que dices? Sabes, eres un egoísta. Y no sabes nada de la vida, vas por ahí pensando que te las sabes todas. Fíjate bien lo que te voy a decir, a esta casa no vas a entrar más si sigues así. Espérate, espérate, antes de que te vayas, déjame decirte una última cosa: me voy a morir y no me vas a ver más y vas a cargar con ese peso para el resto de tu vida. Y tú lo que eres es un periodista de mierda. Si fueras de verdad, estuvieras en el periódico *Granma*, que no por gusto es el órgano oficial del Partido».

Pasé tres meses sin ver ni hablar con mi abuela. Desde aquella conversación, que casi fue un monólogo, nuestra relación fue a peor. No pude entrar más nunca por mi cuenta a la que fue mi casa por veinte años, pues cambió la cerradura de la puerta. A veces cuando iba a verla, tocaba y no me abría. Sin embargo, sentía sus pasos dentro de la casa. Ponía una de mis orejas contra la madera de la puerta y la sentía cómo intentaba no hacer ruido mientras se acercaba. La delataba un pequeño chirrido que producía el roce de sus chancletas plásticas con el suelo. Una vez, después que había pasado unos diez minutos de mi toque de timbre, abrió la rendija del mirador de la puerta para cerciorarse que era yo y que me había largado. Pero yo siempre tocaba el timbre y me sentaba en el suelo con mi espalda contra la puerta para poder colocar mi oreja y, por lo tanto, no me vio, pensaba que ya no estaba. Yo no le decía nada, hacía total silencio. Respetaba su decisión de no abrirme la puerta. Otra vez que no abrió la rendija, sentí su respiración. Era una cadencia apresurada, nerviosa, con sobresaltos. Yo cerraba los ojos y la imaginaba del otro lado de la puerta, con su cabeza apoyada en la madera.

Solo nos separaba ese trozo de madera, esos centímetros. Se resistía a girar la cerradura de la puerta.

Si la llamaba al teléfono fijo de su casa, no contestaba. Debía tomar en sus manos el identificador que había llevado yo a esa casa, verificar que era yo y así dejaba que el aparato sonara hasta desgañitarse. Mi padre me contó que le dijo que estaba muy decepcionada, que nunca pensó que la fuera a traicionar de semejante manera, que mirara lo que le había hecho a la familia, que, con el dolor de su alma, me tenía que castigar para ver si, de esa manera, entraba en razón y maduraba. Cuando mi padre me contó su conversación con mi abuela, le respondí que ella no me dejó alternativa, que no me dejó explicarle que no existe tal traición, ni mucho menos tal daño a la familia, que era cierto que, aquel día en el que hablamos, no tuve la paciencia ni la tolerancia para aceptar sus puntos de vista, que es lógico que piense de esa manera, como también piensa él después de más de sesenta años de adoctrinamiento, que no es culpa mía haber nacido en un país en el que su gobierno no acepta su propia realidad, un gobierno que se ha pasado más de sesenta años intentando borrar, a golpe de látigo, lo que acontece a diario en sus calles para evitar que juzguen sus actitudes déspotas y dictatoriales, un país donde todo aquel que levante la mano para expresar una opinión, que roce al Estado soberano, es castigado por la ley, un país donde los periodistas solo están para servirle de lobby al Gobierno y donde la profesión está trastocada por el totalitarismo que la ha convertido en un *apparátchik* de propaganda estatal, un país distópico, senil, sin libertades. En ese momento, a sus ochenta y tres años, cómo le explicaba yo todo eso a mi abuela. Cómo le decía que todo ese universo, en el que ella creyó por más de seis décadas, es una farsa, no existe. Cómo le decía que el país que el periódico

Granma le contaba no era el país donde ella vivía, sino el reino de las entelequias.

*

Después de la conversación no volví a ver a mi abuela.

Me fui de Cuba sin despedirme de ella.

Llevaba tres meses en Barcelona cuando murió.

XV

Osos de peluche sentados en las mesas de una terraza. Aminoro el paso, me levanto las gafas de sol, me cercioro que nadie me esté observando y me acerco a la terraza. No hay clientes, no hay dependientes, aunque la puerta del café está abierta y noto que alguien se mueve dentro, donde parece haber una barra. Pienso que hay una cámara escondida en algún lugar, en los alrededores. Que alguien detrás de un arbusto está grabando mi desconcierto, que luego veré mi imagen trasnochada en algún programa de televisión o en alguna secuencia de YouTube donde se burlan de la gente como yo.

Sigo mi camino. Me siento en la puerta de un edificio que tiene en la entrada un quicio. Quiero *googlear* la calle Enric Granados. Poner en el buscador: Enric Granados osos peluche café. A ver qué sale. Siento un bullicio de repente. Se abre la puerta del edificio en mi espalda y casi pierdo el equilibrio. Mi cuerpo se desbalancea hacia detrás. Dos niños gemelos pasan como si no hubiese nadie estorbándoles el paso. Uno de ellos tropieza con mi hombro y está a punto de caerse. El que no ha tropezado sostiene al otro y me mira. Ahora los dos me miran fijo sin decir nada. Les pido disculpa, pero siguen sin decir nada. No se inmutan. Son rubios, creo que tienen los ojos verdes y que deben tener unos cinco años. Siento pasos por detrás de mí. Al unísono, los niños ubican sus vistas por encima de mi cabeza que está a sus alturas porque sigo sentado en la entrada del edificio. Me volteo y encuentro a una pareja. Deben ser los padres de los gemelos. La mujer lleva una bolsa de nylon, el hombre carga una bicicleta pequeña. Me levanto, los dejo pasar. La madre va y abraza a uno de los niños y le dice algo bien bajito en catalán que no entiendo, le pasa la mano por el pelo, lo acaricia. El niño le responde a la madre con un balbuceo entre dientes. No distingo si al niño que acaricia la madre es el que ha tropezado conmigo. La mujer le dice algo al padre y el padre clava sus ojos en los míos. Dice algo que tampoco entiendo y cierra la puerta de un tirón. El eco del estruendo se sostiene por unos segundos en el ambiente.

La escena con la familia, que ya se ha ido, fue brusca. No obstante, mi cabeza está procesando aún los osos de peluche sentados en la terraza del café y, por ello, no le doy importancia a lo que acaba de ocurrir. Decido, entonces, regresar al café. La curiosidad me carcome. De vuelta recuerdo la búsqueda que dejé a medias en Google, pero prefiero averiguar por mí mismo. Unos metros antes de llegar, veo que ahora sí hay clientes. Hay dos chicas que conversan en una mesa y hay una señora en otra. A las chicas las atiende un mesero, la señora espera, supongo, a que le tomen la orden. Entonces los osos son parte de la figuración del lugar, no es nadie queriéndome grabar una «cámara oculta», me digo. El mesero termina con las muchachas y va a donde la mujer. Las chicas le hacen fotos al oso de su mesa. Lo cambian de silla para colocarlo entre ellas y hacerse un selfi. Luego lo devuelven al lugar donde estaba. Una de las chicas le pasa la mano por la cabeza como si fuese un animal de verdad. El mesero entra al café. La señora, que ya ha ordenado, lleva gafas oscuras y, desde donde estoy, no le veo los ojos. No sé si mira a su oso compañero o si su vista está posada en otro lugar. Están uno frente al otro como si conversaran.

Entro al café y pregunto si puedo sentarme en la terraza. «Por supuesto», me dicen. «Pero soy un humano», respondo en tono de chiste. Una broma que ninguno de los dos dependientes de la barra logra captar. Me miran con cara de no hemos entendido qué quisiste decir. Salgo y me siento en compañía de un oso. Lo miro, lo detallo, de pies a cabeza.

Comienzo a pensar que es un poco ridícula la escena vista desde afuera. Que la gente debe estar pensando que estoy tan solo en la vida que no tengo ni siquiera con quién tomarme un café. ¿Por esa razón esta señora que está aquí sola, habrá venido al café? No lo sé, me respondo a mí mismo y, en ese instante, veo que se levanta para irse y el oso de peluche de su mesa cae al suelo. La señora lo levanta, lo sacude y lo vuelve a colocar en la silla.

Llega el dependiente con mi cortado con leche de avena. Me atrevo a preguntarle por los osos con otro chiste que el hombre no comprende: «¿La gente está tan sola en Barcelona que tuvieron que poner estos osos para que les hicieran compañía al menos a la hora del café?». Después de un silencio inquietante, el dependiente dice: «No, no, esta idea surgió en la pandemia, para que se respetara la distancia entre personas y, cuando se acabó la pandemia, decidimos dejar a los osos porque tuvo éxito, mucha gente viene a consumir solo por los osos».

Un balón de fútbol rueda hasta la terraza. Estiro el pie izquierdo y lo detengo. Detrás del balón llegan dos niños. Uno de ellos lo toma con sus manos, el otro me pregunta si juego fútbol. Tengo la sensación de que los conozco, que los he visto antes. Es imposible, me digo, antes de responderles que sí juego fútbol. «¿Quieres hacer una apuesta?», me provoca uno de los niños. Ah, claro, por supuesto que los he visto antes. Un día que estaba con unos amigos catalanes, se me acercaron porque, igual que ahora, el balón vino rodando hacia mí, no sé si de casualidad, e hice unos toquecitos con el empeine derecho. Los niños me vieron y me propusieron apostar un euro a que en veinte segundos no le quitaba el balón de los pies a uno de ellos, el mayor de los dos. Aquella vez me negué a hacer la apuesta y me quedé un rato observándolos. A todo el que pasaba, le hacían la propuesta. Era una especie de performance: simulaban que estaban jugando entre ellos en el medio de la calle para llamar la atención de la gente y luego lanzarles el anzuelo de la apuesta. No vi a nadie que les aceptara el reto. Recuerdo que un hombre, con rectitud, les preguntó por sus padres. Al escuchar la pregunta, los niños salieron corriendo y dejaron al hombre sin respuesta. Tengo la intención de hacerles la misma pregunta ahora a los niños, pero prefiero no escuchar la respuesta, ni siquiera quiero imaginármela. Me justifico en un dolor de espalda que supuestamente me impide intentar competir contra ellos. Ellos no se acuerdan de mí. Me dan la espalda y se largan de mi vista.

*

Pese a que el pequeño balcón de casa está cerrado, me llega un susurro de televisores desde afuera. Miro el reloj, las ocho de la noche. A esta hora siempre en Cuba se siente un murmullo parecido. Es el momento en el que casi todos los hogares del país sintonizan el noticiero estelar de la noche. Es el susurro de un país que vive con las puertas y las ventanas abiertas.

Salgo al balcón, afuera se mezcla el sonido de los autos que transitan con las voces de algunos vecinos del edificio.

No escucho televisores. ¿De verdad ese susurro ha llegado a mis oídos o me lo he inventado?

Por más que quiera poner a Cuba en un lugar a descansar, separada de mí, para curar todas las heridas que traigo encima, me es imposible desprenderme por completo de ella. A los pocos cubanos que he conocido en Barcelona no les pasa eso. Al contrario. Buscan a Cuba por todos lados. Van a bares cubanos, a restaurantes cubanos, a los conciertos de los cubanos de aquí, están a la caza de agrupaciones musicales cubanas que están de paso por la ciudad, van a las exposiciones de arte cubano. Me siento raro por no sentir esa hambre de cubanía. Aunque me da curiosidad esa especie de gueto donde la diáspora se refugia contra la añoranza. La idea de habitar una realidad estando realmente en otra: quiero conocerla.

Pongo en Google «bar cubano» y el buscador me sugiere que complete mi búsqueda con «cerca de mí». En la pantalla del teléfono aparecen un montón de opciones, lo que me provoca una alegría tremenda por desenvolverme ya en este mundillo virtual. La que más me atrae no me queda tan cerca de casa, es un bar en el barrio de Gracia que lleva el nombre «Ya tú sabes». Las demás opciones las desecho justamente por sus nombres, por la pretensión de encasillar a la isla en una frase, en una idea, en una imagen, que a fin de cuentas, siempre son los mismos clichés, «mojito», «salsa» y toda la larga lista de etcéteras que, lamentablemente, definen a Cuba fuera de Cuba. «Ya tú sabes» me seduce porque es una cara distinta del país, es una frase «moderna» si se quiere, que nació de la carestía, del todo está mal en el país, de lo que está por venir o de lo que ya pasó, es, en definitiva, una exclamación popular que acuña una circunstancia, que la categoriza, haciendo énfasis en la crudeza del acontecimiento. Viene a ser en España como un «joder», un «jolín» o un «híjole» en México o un «verga» en Colombia o un «pucha» en Chile, pero es una frase completa y no una palabra, lo cual me parece hermoso.

Empujo la puerta y descubro un lugar que me es imposible haber imaginado. Pequeño, estrecho, luz en penumbra, dos dependientes trabajan, uno atiende las mesas y el otro a la barra, en una sola mesa hay clientes, en las paredes hay colgados billetes de pesos cubanos, paisajes de las ciudades y de los campos de la isla, un uniforme de pionero de escuela primaria con pañoleta azul, el sello distintivo de la organización de pioneros, una bandeja de comida impresa en una hoja con los alimentos que le dan a los pioneros en Cuba, la bandeja es metálica y tiene arroz blanco, chícharos, algo que parece picadillo y algo que parece un dulce de frutas, hay una bandera cubana colgada del techo al suelo al lado de las palabras daiquirí, mojito y puro cubano, hay un puro cubano, una libreta de abastecimiento —el documento mediante el cual el Gobierno todos los meses le otorga algo de comida a sus ciudadanos— y un ventilador encima de una mesa. Me vuela la cabeza dilucidar si todo esto que estoy viendo, esta escenografía, nació de una intención manifiesta del dueño del bar o emergió de manera fortuita. Pensando en las lógicas de la exportación de fetiches para atraer al consumo, cualquiera de las dos variantes me produce tristeza. Porque al final estoy dentro de un lamentable retrato de la nación, la imagen que perdura y se vende.

Los primeros instantes me siento a gusto en el bar. De alguna manera entrar aquí me hace viajar de vuelta a mi país. Los dependientes y los clientes son cubanos, la música que suena es cubana, las lógicas del servicio son cubanas: los dependientes no te atienden porque están bailando o conversando, tienes que hacer mil malabares para que se percaten de que estás pidiendo algo y, cuando te ven y te atienden, se quedan conversando también contigo sobre cualquier cosa menos sobre tu orden, por ejemplo, cuánto tiempo llevas en la ciudad, si tienes trabajo, si estás legal.

Pasado un rato, cuando desaparece el asombro, quiero irme de aquí. Siento que estoy en un lugar de mal gusto que pretende ser un museo de la contemporaneidad cubana. Estoy seguro que en unos meses, cuando esté mejor, más cómodo conmigo mismo, este será un lugar que amaré, pero ahora mismo me quema los pies. Me recuerda demasiado al país que me afecta y eso me provoca repulsión.

Me descubro sintiendo odio por toda esta gente, que ni siquiera conozco, que se encuentran a gusto aquí rodeados por todo lo que a mí me afecta. Es una cuestión simbólica. Esa bandeja de comida de los pioneros no es un chiste para mí, es el hambre de todo un país, de mi familia, la necesidad de un pueblo secuestrado. Como tampoco es un chiste que un niño de menos de diez años tenga que gritar cada mañana antes de entrar a su aula: «pioneros por el comunismo, seremos como el Che». Y así, cada detalle, cada gesto, cada intención, se me vuelve abominable.

Pienso que estas personas no tienen que sentirse como yo, que, seguro, han tenido otras vidas. Quizás, entonces, mejor me voy yo. Aquí sobro yo. Pido la cuenta, pero en lo que el dependiente descubre que ya quiero irme y va a la barra a ver cuánto he consumido, pasa una vida. Suena una canción de la Charanga Habanera, mítica orquesta de timba, que empieza con unas líneas versionadas del grupo español Fórmula V: «Cuéntame, cómo te ha ido / Si has conocido la felicidad / Cuéntame, cómo te va / Yo por aquí muy bien y tú por allá / Qué bola».

El dependiente aún no regresa con la cuenta. Esquinado en una mesa, al fondo del bar, me llama la atención un hombre con audífonos que come y lee a la vez. ¿Quién viene a un bar de esta índole a leer, a escuchar música u otra cosa que no sea la música cubana que ponen aquí? Me fijo en su vestimenta: camisa de mangas largas, pantalón de tela, zapatos negros de charol con la punta fina. El hombre es negro, lleva trenzas que le caen por debajo de los hombros e imagino que debe estar en los cincuenta años. No me queda claro que sea cubano. Estoy bastante cerca de él. Veo que uno de los platos que está comiendo es tamal de maíz. Entonces puede que sí sea cubano, que haya venido aquí expresamente a comer tamal. Porque el tamal cubano casi no se encuentra en Barcelona y en los lugares que lo ofrecen no es como debería serlo, porque lo hacen con harina de maíz dulce, el cubano es salado.

Me levanto, camino hasta donde está, le digo que me disculpe la interrupción de su cena, que solo quiero saber si el tamal sabe a tamal cubano. El hombre, que en efecto es cubano, con los cubiertos en sus manos, en una un cuchillo, en la otra un tenedor, me responde: «Llevo cuarenta años aquí, no sé a qué sabe el tamal cubano ya».

XVI

Dejé que el teléfono sonara en mis manos. La llamada de Gelda solo podía presagiar lo inevitable: la muerte de Reinaldo.

Días antes, Gelda me había llamado por primera vez. No tenía registrado su número, por lo que tuvo que insistir mucho, unas siete u ocho veces para que la desmedida presión me llevara a tomarle la llamada. Como medida contra la Seguridad del Estado no solía responder llamadas de números privados o que no tenía registrados. Tomé esa por la evidente urgencia de quien marcaba con insistencia. «Te llamo de parte de Reinaldo, que está ingresado y quiere que vayas a verlo lo antes posible», dijo Gelda, su esposa.

Esa misma tarde fui al hospital Calixto García. Fue como aterrizar de pronto en un paraje bélico. Entré por la zona de emergencias donde había muchas personas desperdigadas en el suelo, encima de cajas de cartón desarmadas y de sus propios pañuelos de bolsillo. Otros estaban acostados a lo largo de los bancos metálicos de espera. Y casi todos estaban padeciendo un calor insoportable al que enfrentaban con pedazos de cartones que hacían la función de abanicos. Toda esa gente se quejaba sin cesar de la falta de medicamentos y de las malas condiciones del hospital. Había un hedor fuertísimo que se me quedó impregnado en la ropa. El piso estaba sucio y en algunas zonas embarrado de sangre. Lo más desagradable era la cantidad de gasas deshilachadas con manchas oscuras y los algodones con costras color piel que decoraban el camino a las consultas. La bulla era tremenda, el ajetreo estresante. Vi a una señora tomar del brazo a un doctor y encararlo con un «se ve que no es su hijo», y manotearle el rostro sin llegar a tocárselo antes de decir: «Así que Cuba es una potencia médica, si este es el hospital de una potencia médica, yo soy una diosa». Vi a un joven estremecerse de pies a cabeza en una silla porque casi no podía respirar. Estaba sentado frente a un anciano, que llorando, solo atinaba a decirle: «Ya tu mamá y tu papá están en camino, aguanta, aguanta un poquito, que ya tu mamá y tu papá están llegando». Vi también a una doctora con acento sudamericano —no logré descifrar el país— pararse delante de todas esas personas, que estaban en la sala de espera para ser atendidos, para decir con un nerviosismo que la hizo tartamudear: «Sabemos que es desesperante y que los pacientes están sufriendo, pero tienen que calmarse porque nosotros somos pocos y tenemos que atenderlos uno por uno para descartar los padecimientos, no todo es covid, sabemos que Cuba está hoy plagada de covid, pero también está plagada de muchas otras cosas, entonces, un poco de calma, por favor».

Reinaldo tenía todos los síntomas del covid-19, pero le dijeron que su enfermedad era una neumonía bacteriana. Esto lo hacían los doctores cubanos durante la pandemia para que Reinaldo, o quien sea, no quedara registrado como una persona más en las estadísticas fatales que luego el Ministerio de Salud publicaba. Ya con su diagnóstico erróneo, Reinaldo estuvo en su casa una semana a la espera de que le dijeran en cuál hospital podía ingresar, una semana en la que no pudo pararse de su cama, en la que la fiebre le llegó a más de cuarenta grados y en la que se desmayó tantas veces que perdió la cuenta de cuántas fueron. Después de pasar por esa angustia, logró que unos amigos resolvieran su ingreso en el hospital Calixto García a través de una gestión personal. «Si sigo esperando en mi casa, me muero», me dijo sentado en una de las camas del pabellón de enfermos con problemas respiratorios.

Desde el hospital, Reinaldo le pidió a Gelda buscarme. Descubrió que yo le había mentido. No quería «irse de la vida sin decírmelo». Luego, con el cuerpo engurruñado, me contó que la noche anterior a mi visita, el paciente que tenía en la cama contigua estaba viendo en su teléfono móvil un canal de televisión norteamericano donde entrevistaban a un periodista independiente local sobre las históricas protestas del verano de 2021 en Cuba, que dejaron un saldo de mil quinientos presos políticos. Reinaldo estaba aburrido y le preguntó al hombre si podían ver juntos la entrevista. Así descubrió que el periodista era yo. Casi al final de la entrevista me preguntaron: «¿Cómo haces para conectarte a internet si el Gobierno lo ha cortado en todo el país?». Desde la azotea de mi edificio respondí: «Tengo maneras que no puedo revelar».

«Ya sé que me utilizaste todo este tiempo y que el internet no era para ponerle muñequitos de YouTube a tu bebé», dijo Reinaldo desde la cama del hospital. «Pero no te asustes, no te llamé para descargarte. Te llamé porque estoy orgulloso de ti y de que haya servido para algo útil nuestro trato», aclaró. Luego intentó, con algo de solemnidad, explicarme el por qué quería verme. Me dijo que metiera la mano en uno de los bolsillos del costado de su mochila y que cogiera lo que allí había. Era un sobre con dinero. Era el dinero que le había pagado por un trato que habíamos acordado hacía unos meses atrás y que ahora quería devolverme. De ninguna manera lo acepté.

Reinaldo era un mestizo de sesenta y dos años que vivía en el edificio de al lado de mi casa. Nuestras azoteas casi se besan. Con un poco de cuidado se puede saltar de una a otra. Él también vivía en el tercer piso. Nunca lo había visto en el vecindario hasta que un día coincidimos en nuestras azoteas. Desde la tarde habían quitado la electricidad en el barrio y ya estaba cayendo la noche. Yo había subido a tomar un poco de aire fresco y para presenciar el atardecer, cuando de pronto sentí una voz a mi espalda. Era Reinaldo que hablaba solo con un trago de ron en la mano y un cigarro en la boca. Lo saludé de lejos, nos presentamos y estuvimos hablando hasta la medianoche, que fue cuando regresó la energía eléctrica. Fue así que supe que trabajaba como técnico de operaciones en ETECSA, la única empresa de telecomunicaciones que existe en Cuba. Entre muchas otras cosas me contó que en la empresa a algunos trabajadores les daban un teléfono con internet gratis para todo el mes. En Cuba eso es más que un lujo, pues es casi imposible tener internet en el hogar, ya que la misma ETECSA decide a qué ciudadano instalárselo, así que, obvio, a ningún periodista independiente, opositor o activista de la sociedad civil le es otorgado semejante privilegio por decisión del Gobierno. Entonces, no queda otra opción que pagar las astronómicas tarifas de internet móvil de ETECSA: el paquete más barato es de cuatrocientos megabytes y cuesta cinco dólares.

De casualidad, la segunda vez que coincidí con Reinaldo tampoco había electricidad en el barrio. Esa vez nos encontramos en la esquina. Era de noche y ambos habíamos bajado de nuestras casas a botar la basura. Reinaldo se acercó para decirme: «Hermano, se te ve triste, ¿te puedo ayudar en algo?». A lo que respondí: «Es que el bebé solo se está tranquilo cuando ve muñequitos en YouTube, pero no puedo gastar mis megabytes en eso». Aún no sé por qué dije eso, no lo tenía meditado. De hecho, el bebé ni ve muñequitos, ni es intranquilo. Creo que fue mi manera de hacerle saber a Reinaldo lo privilegiado que era en un país medieval. La frase pareció real, porque de inmediato me indicó: «Eso está resuelto, cuando te haga falta internet me avisas y te conectas a mi teléfono».

Nos estrechamos las manos y nos fuimos cada uno a su casa. Asumí ese diálogo como se asumen las conversaciones con la mayoría de los vecinos, sin darle mucha importancia. Pero unos días después, cuando el régimen —a través de ETECSA— decidió cortarme el internet móvil a mí y a muchos otros periodistas independientes para que no cubriéramos una manifestación, se me ocurrió que podía tomarle la palabra. Estuve todo un día cazándolo en la escalera de su edificio hasta que apareció. Le dije que hiciéramos un trato. Podía pagarle unos diez dólares cada vez que yo necesitara internet «para los muñequitos del bebé». Reinaldo, después de negarse a recibir el pago, accedió, pero me dijo: «No puedes llevarte el teléfono a tu casa, lo que vamos a hacer es que yo lo pongo en mi ventana con la wifi del teléfono abierta para que te llegué desde allí». «Perfecto», le dije.

Hicimos una primera prueba y no funcionó, la red llegaba con muy poca intensidad a mi casa. Entonces, lo intenté desde mi azotea sin que él lo supiera. Funcionó. Cada vez que necesitaba internet más rápido para trabajar, le daba un timbre a Reinaldo y él hacía la operación para que «el bebé pudiera entretenerse en la pandemia». Él no sabía que yo tenía que treparme hasta la azotea para conectarme, no se lo podía decir porque iba a descubrir el verdadero fin de su conexión. Por supuesto que el bebé no iba «a ver muñequitos en la azotea». Así que para evitar que me viera desde su ventana, me escondía detrás de los tanques de agua y me protegía del sol con una sombrilla de playa.

Luego reparé en que Reinaldo iba a ETECSA de lunes a viernes, lo que implicaba que era Gelda, una mujer jubilada sin nombre para mí en ese momento, quien me hacía el favor de poner el celular en la ventana durante esas horas. Observándola desde la azotea me di cuenta que Gelda se desentendía del teléfono, lo dejaba en el marco de la ventana de la cocina hasta que Reinaldo regresaba del trabajo. Esa ventana era justamente la más cercana a mi azotea, así que comencé a robar el teléfono. Brincaba de una azotea a la otra. Me acostaba en el piso. Enroscaba los empeines de mis pies a la base de un tanque de agua para asegurar un poco el cuerpo, que colgaba del torso hacia la cabeza en el vacío entre los dos edificios. Luego estiraba uno de mis brazos para coger el teléfono de la ventana de Reinaldo. Solo una vez corrí peligro: había llovido, y al dar el salto uno de mis pies resbaló en el asfalto e hizo que perdiera el equilibrio. No hubo daños mayores, solo un durísimo golpe en la rodilla izquierda.

Gracias a esta rutina pude mantenerme conectado durante las protestas del verano de 2021 en Cuba. Desde que estalló la revuelta en sesenta y dos puntos del país, el régimen cortó el internet en toda la isla para que el pueblo no siguiera organizándose y para que los periodistas no narraran lo que estaba sucediendo.

Un par de semanas después de las protestas recibí la llamada de Gelda con la noticia de la muerte de Reinaldo. Ese mismo día subí a la azotea en la tarde noche a tomarme un trago de ron en su memoria. Desde allí observé a Gelda en su cocina cortando cebollas sobre una tabla de madera. La vi llevarse la mano a la cara para limpiarse unas lágrimas. En ese instante, recordé una de las ultimas cosas que me dijo Reinaldo en el hospital: «Siempre hay que ayudar, porque uno nunca sabe qué frutos va a dar esa ayuda».

XVII

Sobre la ciudad cae un manto gris. Es esa hora del día en que las nubes de la tarde comienzan a tornarse una nata espesa. Camino por la calle Aragó rumbo a la estación de metro de Paseo de Gracia. Voy a jugar fútbol. El partido es en la parte alta de Barcelona, casi en la montaña de Collserola.

Paso por el costado de un parque infantil de arena donde hay dos niños lanzándose de un tobogán ante la mirada de un padre desesperado por llevárselos a casa. Zigzagueo entre las mesas de una terraza donde varias personas beben y conversan. El bar queda atrás. Delante de mí va una pareja de jóvenes. De repente, los chicos se detienen.

El freno es abrupto. Observo, porque voy unos diez pasos por detrás de ellos, que ninguno se mueve. Se han quedado estáticos. Pareciera que juegan «al stop» con algún niño que los ha congelado. Vuelven a moverse cuando me acerco a ellos: entrelazan sus manos y se apartan del centro de la acera. Paso por delante. En ese instante, noto que la muchacha intenta volver a caminar, pero el chico se lo impide poniéndole sus manos en el pecho. Escucho al chico decir: «Déjalo que avance, no se sabe cuáles son peligrosos». El cuerpo se me enrarece. El eco de la frase me tortura. No me giro, no quiero verles las caras a estos chicos. Me asalta la misma duda de siempre: ¿se referían a mí?

El color de mi piel marca el curso de mis días. Cuando me sucede algo, mi primera reacción es la duda. Caigo en un desconcierto porque nunca entiendo lo que ha sucedido. Me sigue costando creer que haya gente blanca que piense de ese modo y que, además, lo explicite. Tras tener certeza de lo que sucedió, me llega la rabia, la furia, las llamas en el cuerpo. Y, al final, cuando pasa el fuego, me queda una sensación de degradación que me consume. Me empequeñezco.

En la estación de metro siento que me han dejado caer encima un cubo de cenizas calientes. Es la cólera que me carcome. Me trepo a un escalón de la escalera mecánica. Las únicas personas que entran y salen del metro son blancas. Se piensan seres superiores a los negros, me digo, por eso convierten su creencia en conducta. Hay una mujer delante de mí en la escalera. Tiene el zíper de su bolso abierto. No sé si alertarla. Me da miedo hacerlo. Puede pensar que he sido yo quien le ha abierto su bolso para robarle. Pero, si no le aviso de la situación y, se percata que estoy detrás, seré el primer sospechoso. Recuerdo hace unas semanas una situación similar a la de ahora: saliendo de otro metro en escalera mecánica, un hombre blanco nota mi presencia en su espalda, se voltea y, de forma brusca, se coloca su mochila en su pecho, la abraza como si fuera el amor de su vida. A pesar del *flashback*, decido tocarle el hombro a la mujer y prevenirla. La señora me agradece el gesto dos veces. Hay blancos que no son racistas, pienso.

Es incómodo jugar con este frío que hay en la cresta de Barcelona. Llevo una licra debajo del short y las medias, y una enguatada fina debajo de la camiseta. No obstante, me cuesta correr. Me ahogo, cuesta respirar. Por eso estoy calentando antes que mi equipo salte al césped. Todos mis compañeros son catalanes, están acostumbrados a jugar con este clima. El otro equipo también calienta. Son argentinos.

El partido está trabado. No hay goles. La intensidad es altísima. Son rocosos estos argentinos, pienso. «Esto no es el

Mundial y mañana hay que trabajar», le grita uno de mis compañeros a un argentino que se le ha tirado a los pies a barrerlo. En la siguiente jugada, el mismo argentino le coloca una zancadilla al mismo jugador de mi equipo que cae al piso y rueda. Desde el césped, tomándose el tobillo con una mano, mi compañero le grita: «Por eso tu hijo me servirá la comida en un restaurante». Ni el argentino ni el resto de los argentinos ni el árbitro ni el resto de mis compañeros dicen algo al respecto. ¿Esta frase es normal? ¿No se dan cuenta lo que acaba de decir? ¿De verdad que se permite esta xenofobia, de verdad que se normaliza? La respuesta es lo que me encuentro todos los días en la calle, me respondo.

Termina el primer tiempo. Estoy descolocado. Todos mis compañeros hablan de cómo mejorar en la segunda parte, pero sigo pensando en la agresión verbal. Le digo a mi compañero que lo que le gritó al argentino es una barbaridad, es xenofobia, que, por favor, no vuelva a decir algo así. «Se me fue un poco la olla», me responde y pasa a indicarme, como si su liviana disculpa indemnizara su discriminación, que mejor esperemos a los argentinos unos metros más atrás en la cancha, que no vayamos a presionarlos tan arriba. Buscando consuelo me acerco a otro compañero. Tiene un pomo de agua y es el más simpático del equipo. Le pido que me brinde un poco. Lo hace con amabilidad. Cuando le voy a comentar sobre lo ocurrido, se anticipa y me da un consejo para el segundo tiempo: «Si se meten contigo, puedes sacarte, sin problemas, el rabo o la cuchilla esa que lleváis vosotros en las bandas».

Los pasajes de la noche me recuerdan que un periodista lleva varias semanas queriéndome entrevistar porque le interesa saber cómo voy procesando el exilio. Le he dado largas porque ya me aburre hablar de Cuba, de lo mismo con lo mismo. Además, me molesta que saquen de contexto lo que digo, que se lucren políticamente conmigo, que me metan en sus bolsas ideológicas. Puede ser buena idea darle la vuelta al asunto: utilizar yo al periodista. Quiero contar el racismo que he vivido desde que aterricé en este país. Si algo ha marcado mi exilio, hasta este momento, ha sido eso.

Ya estoy disponible, le escribo al periodista. Quedamos en un café de mi barrio. Antes de llegar a la cita, paso por un mercado. No tengo ni café, ni frijoles, ni arroz en casa. No puedo sobrevivir sin esos granos. «Sigue a este», escucho a mi espalda. Este soy yo. Lo sé porque un hombre vestido con el uniforme de seguridad me sigue durante mi estancia en el mercado, acatando la orden de la cajera. Y porque antes de salir del mercado, le pregunto al hombre: «¿Se va a caer una estrella, no?». «¿Por qué?», pregunta él. «Porque parece que no me robé nada», respondo. «Es que vas con una bolsa», añade. «No muy diferente a lo de todos ellos», le digo, señalando a varias personas blancas que, como yo mismo, portan una.

Esto que me acaba de suceder es lo primero que le contaré al periodista, medito. Bueno, esto, y lo del bar la otra noche. Estaba en la barra con dos amigos tomando unas cañas y comiendo unas tapas. No cabía una persona más en el bar. Una señora pasó por mi lado y se dirigió a mí sin preámbulos: «No nos vamos, solo salimos a fumar, aún debemos la cuenta». A los minutos, regresó en compañía de unas amigas. Me miró de frente y aclaró: «perdón, te confundí con el barman, son los únicos que no son de aquí».

El periodista llega tarde. Estoy tomándome una cerveza a las once de la mañana para bajar la molestia del mercado. Mientras saca una libreta, un bolígrafo, una grabadora, de una mochila, el periodista empieza una frase con «ya estamos así», supongo que para entrar en confianza. La cerveza se desliza por mi garganta cuando escucho que explica que acaba de pasar por una escuela y se detuvo a observar cómo «en el patio la mayoría de los niños eran de colores y los menos de raza pura». Sin hablar, me levanto de la silla y entro al café, le indico a uno de los dependientes que la cerveza que he pedido la pagará el señor que está en mi mesa. Paso por delante del periodista como si no lo conociera.

Estoy contento con mi cambio de actitud radical. He logrado sobreponerme a los últimos espasmos. Supongo que es un mecanismo de defensa que está produciendo mi propio cuerpo para protegerse del racismo. Ahora tengo más confianza cuando salgo a la calle. No voy esperando un suceso porque sé que puedo reaccionar y contrarrestarlo.

Arribo a esta reflexión apoyado en la barra de un café al doblar de mi casa, días después de dejar plantado al periodista. Pido un cortado con leche de avena para llevar. Sonrío cuando el camarero da la espalda porque me sigue generando gracia esa combinación de palabras en mi boca. Mírate, quién te vio y quién te ve ahora, bromeo. Descubro sobre la barra una pequeña montaña de periódicos. Los del día, unos encima de los otros: *La Vanguardia*, *El País*, *El Periódico*, *Marca*, *Sport*, *El Mundo Deportivo*. Tomo *La Vanguardia*. Nunca lo había visto en versión impresa. Me sorprende la cantidad de páginas, no lo imaginaba tan grueso. Lo hojeo.

Llega un señor de unos sesenta años a la barra. Saluda, desde mi costado, al dependiente, que termina mi café, y dice: «Lo mismo de siempre». Tengo la vista en la página internacional de *La Vanguardia*. Unos dedos se posan sobre el papel. Escucho: «Me permites». Son los dedos del señor. Lo miro y le pregunto si el periódico es suyo. El señor no responde. Silencio. Si no hay respuesta es porque sí lo es, pienso.

Retiro mis manos del periódico. El hombre lo recoge y se lo lleva a una mesa. El dependiente me entrega mi café. Pago. Me marcho. Solo tengo que caminar setenta metros para llegar a mi casa. En la puerta del edificio intento repasar lo ocurrido. Ha regresado mi patrón de comportamiento. No tengo claridad, hay algo que no me cuadra. Decido regresar al café para aclarar lo sucedido. El hombre ya no está. El camarero me dice que los periódicos son para todos los clientes.

A la vuelta entro en una panadería. Tengo hambre. Una señora con amabilidad me pregunta: «¿Vives en el edificio de enfrente, en el de las personas de color?». Como si el blanco no lo fuera.

XVIII

¿Cómo duré en percatarme de que en la televisión de mi país, una isla caracterizada por el mestizaje, los negros que salían en la pantalla podrían contarse con los dedos de una mano, cuando las calles, los ómnibus, las filas de las bodegas, estaban repletos de gente negra? ¿Cómo duré en percatarme de que en el Gobierno de mi país los negros brillaban por su ausencia? ¿Cómo duré en percatarme que menos del diez por ciento de los alumnos que llegaban a matricularse en las universidades cubanas eran negros? ¿Cómo asumía, como una normalidad, que mi familia negra siempre estuviera pendiente de mi imagen, que tuviera los zapatos limpios, la ropa planchada, bien perfumado, bien peinado, buen corte de pelo, para no añadirle un detrimento más a mi condición de persona negra? ¿Cómo me parecía normal que, no solo por las presiones familiares y sociales, sino que yo mismo sentía que tenía que estudiar el doble que los demás, que tenía que demostrar una capacidad por encima de la media para que me tuvieran en cuenta, en la escuela, en el trabajo, en la vida? ¿Cómo me parecía normal que mi familia, amigos, desconocidos, cualquiera, me dijera «adelantaste» —la raza— por el hecho de tener una pareja no negra? ¿Cómo no me percaté de que en esos lugares a los que llaman «barrios marginales» solo viven, en su mayoría, negros? ¿Cómo duré en percatarme que un día malo es un día negro, que el mercado informal es el mercado negro, que cobrar algo fuera de la ley es cobrar en negro, que enfadarse es ponerse negro, que un escritor fantasma es un negro, que negro es todo lo malo, una clasificación degradante? No me percaté porque el racismo es el mejor dispositivo que ha diseñado el poder —los blancos— para seguir enriqueciéndose y mantener el *statu quo*, que es, a su vez, la manera idónea de cultivar su superioridad. Un sistema construido desde lo intangible, con la misión de infiltrarse y poblar cada resquicio de la vida tal como la conocemos.

Ese primer golpe de conciencia lo tuve en 2008. Estaba en segundo año de la carrera de Periodismo. La facultad organizó una visita guiada al Instituto Cubano de Radio y Televisión (ICRT). Una periodista de la televisión fue paseándonos por el lugar mientras nos explicaba el funcionamiento de las redacciones. Nos presentó a los periodistas famosos que se detuvieron un rato a charlar, a los directivos que aseveraron que las puertas estaban abiertas para colaborar.

Estaba emocionado por estar allí. En ese entonces aún quería ser comentarista deportivo y el final del tour eran los sets de grabación. Entramos en el plató donde se grababa el noticiero deportivo. Me senté en una de las dos sillas que utilizaban los locutores que veía cada tarde y le pedí a un compañero de aula que me hiciera una foto. La periodista que guiaba la visita vio mi alegría. Se acercó a preguntarme: «¿Te gusta el deporte?». Afirmé con la cabeza sin hablar. «Pues qué bien, porque estamos buscando negros, no tenemos en las secciones de deporte y bajó esa indicación del Partido», dijo.

En cambio, en la calle, a los negros los buscaban por otras razones. Años después de graduarme, trabajando como fixer para una periodista francesa que quería escribir un reportaje sobre Cuba tras la muerte de Fidel Castro, unos policías me detuvieron en la Avenida 23 de El Vedado.

—Identificación, por favor —dijo uno de los dos policías.

—Aquí tiene.

—¿Ustedes de dónde se conocen? —preguntó el que no había hablado, mirando a la periodista francesa.

—Somos amigos, ella está de visita en Cuba.

—¿Pero amigos de dónde?

—Los dos somos periodistas, estamos trabajando juntos.

—¿Pero tú eres periodista de dónde?

—De una revista.

—¿Qué revista?

—Una que usted no conoce.

Se produce un impasse. Los policías contactan a través de su *walkie-talkie* a su puesto de mando. Informan que «han detenido a un individuo que camina con una extranjera». Los escucho deletrear mi nombre. El puesto de mando les indica que no tengo antecedentes penales, solo unas multas de tránsito.

—Mira, se ve que tú no andas en nada, pero ella es extranjera y tú eres negro. Mejor no camines por las avenidas para que otro policía no vuelva a detenerte.

XIX

Aterrizo en Ámsterdam. Me han invitado a dar una charla sobre libertad de expresión. Nunca me he parado delante de público. Mi experiencia se reduce a hablarle a la cámara de mi teléfono y a la de mi computadora. Estoy nervioso.

Me registro en el hotel que me ha ofrecido DeBalie, la institución cultural que me ha traído hasta aquí. Salgo a caminar. No quiero dejar que el nerviosismo siga creciendo.

El cielo no tiene nubes. Parece una sombrilla infinita de color gris. Llueve. Hay viento. En el centro de la ciudad las calles son estrechas con adoquines. La gente transita por la calle como si este tiempo no les importunara. Ni la lluvia fría que no cesa, ni las ráfagas de viento que me zarandean les impide que se muevan con tranquilidad. Se les nota en paz andando a pie o en bicicletas. Hay bicicletas por todas partes. Hay canales de agua por todas partes.

Me encontraré con una amiga holandesa que trabaja en cine. La conocí en Cuba, en un bus que nos llevaba a Santiago de Cuba. Íbamos al entierro de Fidel Castro. Ella a vivirlo como turista, yo a contarlo como periodista. Le he pedido que me lleve a conocer el barrio rojo de Ámsterdam.

Mujeres detrás de vidrieras exhibiendo sus cuerpos casi desnudos. Mujeres metiéndose los dedos a la boca. Mujeres bailando sobre un tubo. Mujeres posando agachadas en cuatro patas como si fueran fieras, con un pie en una silla, con lentes, con gorro de marinero, con un látigo, con uniforme militar. Mujeres que invitan, a los que caminamos por aquí, a pagar por adentrarse en sus cuerpos o en los cuartuchos de luces rojas, en penumbras, donde también se les puede ver posando o teniendo sexo.

Las tres callejuelas del barrio me dejan absorto. No sé qué he visto. Mi amiga holandesa me explica que la prostitución está permitida en Países Bajos desde 1810 —y desde el 2000 los burdeles— como una estrategia del Estado para regular la trata de personas y la propia prostitución. Según mi amiga, la estrategia no ha funcionado: la prostitución en el barrio rojo sigue alimentándose de muchas mujeres explotadas con condiciones de trabajo infrahumanas.

A minutos de que arranque mi charla, sentado en una silla sobre el escenario de un teatro que está repleto, todavía pienso en el barrio rojo, en los límites de la libertad. No estoy tan nervioso como imaginaba. Creo que es porque hay un cubano en el público, con el que estuve tomando unas cervezas antes de entrar al teatro. Veo a otro cubano entrar y sentarse al fondo de la sala. Lo reconozco por su actitud y por su ropa. El hombre viste como lucen los agentes de la Seguridad del Estado: pantalón y camisa, ni ajustada ni ancha, una libreta en la mano, la intriga tatuada en la frente. La manera de detectar el disfraz de un agente es preguntarte si su ropa busca pasar desapercibida. La de este hombre, en el mar de gente joven, de *hipsters*, de diplomáticos, de intelectuales que hay en el público, resulta todo lo contrario. Su talante me resalta como si llevara el saco amarillo fosforescente de los señaleros de aviones.

A mitad de la charla, el hombre tiene la mano levantada. Quiere intervenir, apuntalar algo de lo que digo. La moderadora me pide disculpa y me detiene. «Por favor, espere la ronda de preguntas», le indica. Cuando termino, el hombre es el primero en pedir la palabra. Parte del público ríe. Él también antes de acercarse al micrófono que le han entregado. Su risa me causa repulsión. Es la sonrisa de quien sabe que va a ejecutar una fechoría. Escucho que soy un mentiroso, un manipulador, un amante de los Estados Unidos, una persona pagada por ese gobierno, un *trumpista*, un vocero de la ultraderecha global, un adulador del capitalismo, un imperialista. Estaba en lo cierto, me digo, es un agente de la Seguridad del Estado. El hombre sigue desgañitándose: sí se puede hacer periodismo de manera normal en la isla; no hay personas presas por manifestarse allí; de ese país no expulsan a las personas por pensar distinto.

La moderadora le pide al hombre que termine su intervención. El hombre acepta a regañadientes alegando que podría estar hablando mucho tiempo más. Me pasan la palabra y respondo: «¿Cuál ha sido la pregunta?». El público vuelve a reír. Acaba la charla. Estoy desesperado por ir al baño a orinar. Cuando salgo, el hombre me está esperando fuera. A menos de un metro, exige que le responda. Vuelve a acusarme de mentiroso, de manipulador. Intento pedirle que abandone el performance, que tanto él como yo sabemos las razones y motivos por los cuales está aquí, quiénes le han dado esa orden. El hombre se enfurece, pierde la compostura, grita, mueve sus manos cerca de mi cara, dice que soy un hijo bastardo de la Revolución. Llegan varias personas a intermediar. Parece una pelea: el hombre que intenta buscarme, gente en el medio que se lo impide, yo, impávido, con mis manos en los bolsillos. Los organizadores me piden que me retire al bar del teatro. Me escoltan por un pasillo. A mi espalda escucho la voz del hombre que me grita: «ten el valor de enfrentarme». En el bar, con las aguas calmadas, un amigo diplomático holandés me enseña una fotografía del hombre en la embajada cubana en Países Bajos.

*

Dos meses después, Pen International me invita a impartir una conferencia en Copenhague sobre el periodismo en contextos autoritarios.

Estoy en la estación de metro del aeropuerto. Me dirijo a un hotel. Creo estar en la plaza de la Revolución en un desfile militar de robots. A la espera, están todos formados, unos al lado de otros, firmes, en silencio, sin intercambiar miradas. Todos miran nada. Parece que se evitan, que está prohibido hacer contacto visual con otras personas. Los que suben y bajan las escaleras mecánicas lo hacen en filas indias, sin un ápice de dispersión, como soldados de un pelotón de infantería. Van con el cuello erguido, sin mirar sus teléfonos. Increíble, ¿no? La mayoría son rubios altísimos. Abruma no sentir voces. Solo se escuchan los pasos de las personas, la voz que brinda información en la estación a través de los altoparlantes y el leve aullido del metro cuando se acerca.

Afuera de la habitación de mi hotel hay un cuadro en la pared que tiene una niña que sostiene un cartucho de papas fritas más grande que ella. La habitación es minúscula. ¿Tan pequeña que ni siquiera tiene cama? ¿En este país se duerme en el piso? Descubro un cartel que me indica cómo hacer aparecer la cama. Acciono una palanca y comienza a bajar, poco a poco, una cama portátil de la pared que se ubica delante de mis pies. Quiero bañarme, pero no encuentro el interruptor de la luz. No hay ni dentro del baño, ni fuera. Encima de una mesita diviso un mando pequeño. No es el mando del televisor, que está al lado. Aprieto el botón *on* y la habitación se vuelve loca: luces de colores salen de la pared, de unas lámparas finas, las persianas de la ventana se abren a la misma vez que suben unas cortinas. Observo Copenhague desde un piso diecisiete. Es majestuosa. Tiene un punto de semejanza con Ámsterdam, pero es diferente, es más señorial. Juego un rato con el pequeño mando, el gestor de toda la habitación.

La charla transcurre sin sobresaltos. Deambulo un rato por la ciudad. Regreso al hotel a las diez y media de la noche y el sol aún no se ha escondido. Acostado en la cama vuelvo a jugar con las luces, a subir y bajar las ventanas. A las cuatro de la mañana me despierta el sol, que no sé si llegó a esconderse. He dejado la ventana con las cortinas abiertas. Miro el teléfono y encuentro un mensaje de mi familia. Un día después de su muerte, han logrado incinerar a mi abuela.

A Barcelona aún no la siento cercana, de hecho, no tengo claro que algún día llegue a sentirla así. Pero me sentiría más cómodo allí, si tuviera que echar una flor al mar como tributo a mi abuela. En Barcelona vivo y todo hace indicar que estaré bastante tiempo más. En Copenhague estoy de paso y ni siquiera sé si regresaré algún día. Eso le imprime otra dimensión a mi despedida. Mi familia en Cuba echará las cenizas en el Malecón de La Habana y yo quiero estar, a la misma vez que ellos, colocando una flor en el mar Báltico.

Estoy triste. Siento por mi abuela lo mismo que por Cuba, una mezcla de desconsuelo y afecto.

Mi familia me avisa que ya está en camino hacia el Malecón cuando he acabado de pedir una pizza en un restaurante. Intento cancelar la orden, pero el dependiente se niega. Estoy contra reloj: pago por la comida sin probar un solo bocado. Veo en Google Maps que el mar está a unos veinte minutos. Los corro, me digo. A la mitad del tramo, mi familia me informa que ya han llegado. Espérenme un minuto, les escribo. No podré llegar al mar. Decido que la opción más viable es ir a un canal. Busco en el teléfono: hay uno a cuatro cuadras. Corro los cuatrocientos metros, que me parecieron una maratón de cuarenta y dos kilómetros, como si fuera Michael Johnson en el Campeonato Mundial de Atletismo de Sevilla 1999. El corazón lo tengo en la garganta. El pecho es una tumbadora. Los pies me tiemblan. En el teléfono tengo un mensaje y un video. El mensaje dice: «El tiempo está en candela, vamos a hacerlo». Al video le doy *play*: mi padre, mi madre, mi hermana, mi tío, su esposa, caminan por encima de arrecifes, de piedras afiladas; hay oleaje; se escucha el mar Caribe de fondo; el sol atraviesa las nubes blancas; el cielo azulísimo; unas garzas vuelan; mi padre vierte un bote de cenizas al mar; una parte el aire se lleva las cenizas; alguien grita; lloran. Dejo caer la flor lila, que arranqué del jardín del restaurante, en el agua fría y oscura de Copenhague.

Los próximos meses los paso sin moverme de Barcelona. Convivo con la sensación de estar de visita en un sitio que es mi nueva casa.

Viajo a Ciudad de México a un encuentro de periodistas exiliados cubanos. Somos tantos los que estamos desperdigados por el mundo —Miami, Madrid, Barcelona, San José, New York, Buenos Aires, Montevideo, Panamá—, que una organización decide aglutinarnos para compartir las experiencias del exilio.

Por la ventanilla del taxi que me saca del aeropuerto, observo por primera vez Latinoamérica: rascacielos sin fin con suburbios a los costados, puestos de comida en la calle, enormes carteles de publicidad a los que les falta un toque de glamur, polución, gente que pide dinero, comida, que hace malabares en los semáforos, que limpia parabrisas, vegetación, colores, olor a comida, peste, alegría, música, bullicio. Aunque Cuba está en esta región, es otra cosa. Incluso con su escasez, con su pobreza. La isla tiene otro tono diferente a este. Deduzco que esa diferencia la marca la crudeza del capitalismo, que aquí es más burda y en Cuba está camuflada, es menos palmaria, porque, pese a que impere un régimen que se autoproclame comunista, lo que hay instaurado es un capitalismo de Estado.

El encuentro con mis colegas es muy emotivo. A varios no los veía desde hacía cuatro años. Nos abrazamos, nos damos cariño. Extrañaba esta calidez.

Solo estoy un fin de semana en México. Pero saco tiempo para ver a mi antigua editora de la revista *Gatopardo*. Almorzamos en la terraza de una taquería. Me tocan la espalda mientras conversamos. Busco detrás de mí y no encuentro a nadie. Cuando intento regresar a la conversación, me vuelven a tocar. Es un niño tan pequeño que, la primera vez que me volteé, pasé de largo la mirada sobre su cabeza. Tiene tres años y quiere que le compre caramelos. El cuerpo se me congela. El niño insiste, insiste e insiste. No le respondo porque estoy detallando sus bracitos cortos, sus piernecitas, su carita. No sé si comprarle todos los caramelos. No sé si preguntarle por sus padres. No sé si llamar a la policía. Mi amiga editora dice que no puedo hacer nada, que acabo de presenciar una de las imágenes más duras de su país. El niño se va a vender sus caramelos a la mesa de enfrente.

Semanas después, en una terraza de Río de Janeiro, revivo la imagen del niño mexicano. Llego a Brasil para participar en el Premio Latinoamericano de Periodismo de Investigación. A todos los invitados nos hospedan en la playa Copacabana, solo hay que cruzar una calle para caminar por su arena. La zona está inundada de turistas y de pequeños pelotones de niños, jóvenes, ancianos, que mendigan o venden cualquier cosa.

Los cariocas me recuerdan a los cubanos. Caminan moviendo cada músculo del cuerpo, gesticulan al hablar, hablan alto, miran a los ojos, viven con las puertas de sus casas abiertas, no respetan la luz roja de los semáforos. Río de Janeiro es una ciudad energética. Pero hay que andar con cuidado.

Desayuno con un colega peruano que me cuenta que la noche anterior una banda de niños asaltó el bus en el que iba. Aprovecharon, dice, la luz roja de un semáforo para treparse por las ventanillas con armas blancas. Robaron bolsos, billeteras, mochilas, teléfonos. Otro colega español, que nos escucha desde la mesa de al lado, se suma a la conversación con otra historia de ayer. Salió a caminar por la playa y tres niños, que describe como tigres, se le lanzaron al cuello para arrebatarle su cadena de oro.

La última noche en Río, un grupo del evento salimos a bailar a Vaca Atolada, un pequeño bar donde tocan samba en vivo. Al regreso, en la puerta del hotel, un colega salvadoreño pide que nos tomemos una copa de despedida. Alguien se brinda, camina hasta la esquina y compra unas latas de cervezas. Uno, dos, tres balazos retumban. Escucho un grito que aconseja que entremos al hotel. Un *pick up* derrapa sus gomas delante de mis ojos y se pierde en la noche. Lo persigue otro. En la ventanilla, con las manos hacia afuera, un hombre carga un rifle. Cuando estoy entrando al hotel, suena uno, dos, tres, cuatro, cinco disparos. Detrás del segundo *pick up* pasa una patrulla policial. El sonido de la sirena es inquietante.

De Brasil vuelo a Estados Unidos. Me han otorgado el Premio Libertad de Prensa Internacional del Committee to Protect Journalists (CPJ). La ceremonia será en New York, pero llego a Washington D. C., donde comienza la agenda del premio.

El funcionario de Inmigración que me recibe repara en que soy cubano, pero no vivo en Cuba, sino en España. Que he llegado allí vía Panamá, la escala de un vuelo que partió de Brasil. Me envía a seguir una línea roja que hay marcada en el suelo que me lleva a un salón repleto de policías armados. Un policía me indica que me siente en una fila de asientos donde no haya nadie. Hago un bojeo: en el salón hay seis personas más, son árabes. «No puedes hablar con ninguno de ellos», me ordena.

Noto que estoy tiritando de nerviosismo cuando una mujer me llama desde un mostrador. Un clásico: en el camino dejo caer el pasaporte y otros documentos. Cuando los recojo, siento la mirada de todo el salón. Los nervios suben de nivel. La mujer es negra, lleva el uniforme de policía negro, tiene las uñas largas pintadas de negro, mastica un chicle y está visiblemente maquillada. Le entrego mi documentación. Me hace varias preguntas. Las respondo. Me mira durante unos segundos sin hablar. Tampoco yo lo hago. «Welcome to America», dice.

Me hospedan en un hotel de negros. Es un hotel activista. Todos sus trabajadores son negros. Tienen una emisora radial dedicada a la comunidad negra y una galería de artes visuales especializada en el abordaje de la historia afroamericana.

Las calles de Washington D. C. están vacías. Debe ser el frío, pienso. Hay cero grados. Busco la Casa Blanca. Discurro: no existe nada idéntico a lo que uno imagina, pero la Casa Blanca es demasiado diferente a como la muestran en Hollywood. No puedo creer que sea tan pequeña, que estas sean sus proporciones reales, me digo. No la contemplo ni cinco minutos. Le hago una foto para el recuerdo y camino hacia Black Lives Matter Plaza. Recorro las dos manzanas peatonales que en pleno *downtown* homenajean a George Floyd, el negro asesinado en 2020, y a todas las víctimas del racismo. En la calle, con letras mayúsculas amarillas de once metros, están escritas las palabras BLACK LIVES MATTER. Delante de ellas, me persigno.

De regreso al hotel atravieso un parque. Ya es de noche. Con dificultad por la oscuridad, debajo de un monumento, leo: McPherson Square. Hay decenas de casas de campaña, de casas de cartones y maderas. Dentro de ellas: gente durmiendo en la hierba del parque, gente drogándose, gente cocinando en fogatas, perros malolientes. Otros tienen sexo a la intemperie. Un hombre de barba peliroja, calvo, sentado en una silla, al que veo que le falta un pie, me dice: «What's up, bro». Corro. Me detengo en la cuadra siguiente.

Viajo en tren a New York. Estoy agotado. Al cuerpo le pesa ya este largo viaje. Con la cabeza apoyada en el cristal de la ventana, siento la necesidad de regresar a Barcelona. Me da alegría sentir que la extraño. Es lo mejor que me puede pasar.

Pongo un pie fuera de la estación de tren y lo primero que me topo es el Madison Square Garden. Los ojos se me anchan. Luces, pantallas, un ruido ensordecedor, sirenas de bomberos, de policías, claxon de taxis, gente moviéndose como hormigas, edificios que parecen carreteras sin fin hacia el cielo. Llueve, pero la ciudad parece que arde en lava. Que la gente huye de alguna alarma sísmica. La gente grita, como dementes, «taxi, taxi, taxi». Recuerdo *Manhattan*, el filme de Woody Allen. Los imito. Seguramente no me sale natural. Me subo a un taxi. El hombre solo avanza unas cinco cuadras y me deja en la dirección del hotel que le he dado. «Treinta y cinco dólares», me dice. Le digo que es imposible que el viaje haya costado eso, que no ha puesto el taxímetro. El taxista responde que treinta y cinco dólares es lo que hubiese marcado, si lo hubiese puesto. «Welcome to New York», pienso.

La mañana siguiente abro la ventana de la habitación. Afuera el humo escapa de las alcantarillas, obreros bajan productos de camionetas, la calle sigue repleta de autos en movimiento, gente que camina deprisa, las infinitas pantallas siguen encendidas, la publicidad que es eterna, el capitalismo perpetuo.

Antes de la primera reunión de la agenda del premio, me compro un café y ando unas cuadras. Llego a una zona en la que la gente no se mueve. Están todos hipnotizados haciéndoles fotos con sus teléfonos a una torre interminable de publicidad. Se hacen selfis delante del edificio, llaman a sus familiares para mostrárselo. Es Times Square, el corazón del capitalismo. No es menor que la gente sueñe con hacerse una foto justo aquí. Que quieran guardar este recuerdo entrañable para siempre. Que no se percaten que están retratándose ante la maquinaria que en unos años aniquilará a la especie humana.

Huyo del lugar. Voy tan deprisa que cualquiera pensaría que soy un neoyorquino más que avanza a la velocidad que demanda la ciudad. Un cuerpo me impacta. Freno en seco. No sé si fui yo quien no vio a este chico que está parado delante de mí o fue él quien se abalanzó contra mí. Está ebrio, drogado, levanta los puños en busca de pelea. Pues, pelea entonces, si, a fin de cuentas, estamos en New York. Levanto mis puños. El chico se muerde los labios, balbucea algo que no entiendo y se marcha.

Los días siguientes me encierro en la habitación del hotel hasta la ceremonia del premio.

XX

Una llamada sin identificación entró en mi teléfono. O era mi padre, que tenía el teléfono de su casa oculto, o era la Seguridad del Estado. Estaba en la sala de la casa. Caminé hacia el balcón. Abrí la llamada.

Escuché los gritos de un hombre descompuesto. Solo entendí: «Pasaporte, te vas, pasaporte, familia, pasaporte, cárcel, lo antes posible, consecuencias, pasaporte, familia, pasaporte, prisión». Pero la dispersión de las palabras no entorpeció la interpretación del mensaje de la Seguridad del Estado. Era un ultimátum. Me querían fuera de la isla.

El hombre dejó de gritar. Yo no hablaba. Sentí su jadeo. «¿No vas a dar las gracias?», preguntó. Colgué. Yo era un cuerpo más con el que jugaban a su antojo, un títere. Sentí que era, justo como ellos me catalogaban, un gusano. Regresé a la sala y me senté en una butaca. No sabía si estaba triste o alegre. Fui a mi habitación. De la pared descolgué el cuadro donde, por detrás, anotaba el final de cada uno de mis días desde que el Ministerio del Interior me encerró en Cuba. El cuadro tenía la imagen de una muñeca sonriente de color azul claro, con una saya a cuadros, una blusa ajustada a los hombros y un pañuelo rojo en la cabeza. La muñeca estaba descalza y todos los trazos de su figura terminaban en unos márgenes afilados.

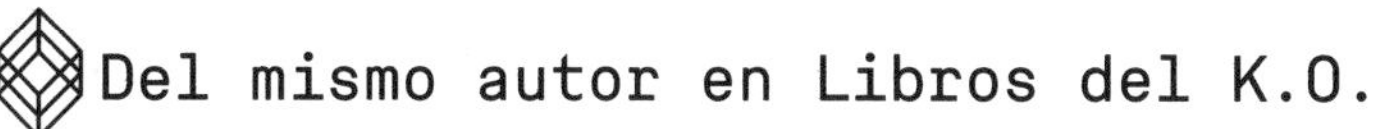

LA ISLA OCULTA
Historias de Cuba

La isla oculta no es otro libro más sobre Cuba, un país que forma parte de nuestro imaginario colectivo desde su Revolución, sino una colección de crónicas que nos lleva a sus lugares menos conocidos con una mirada conmovedora, triste y a la vez pícara. Un puzle del último lustro de Cuba que muestra otra isla, acaso subterránea.

Jiménez Enoa forma parte de una nueva camada de narradores cubanos. Pese a que el Gobierno le retuvo el pasaporte hasta 2022 como réplica a su actividad periodística, siguió describiendo con franqueza aquello que veían sus ojos y ganó diversos premios internacionales de periodismo. El autor vive ahora una suerte de exilio en Barcelona y nos ofrece uno de los libros definitivos sobre la Cuba reciente.

«Abraham Jiménez Enoa es un interlocutor privilegiado, un guía afectivo y sincero que nos conecta con esa Cuba tan bella, tan querida y tan injusta y triste a la vez». Jon Lee Anderson.

«Jiménez Enoa muestra el impacto existencial que supone para un cubano el primer choque con el mundo exterior». Pablo de Llano en *Babelia*.